LE

ROI D'YVETOT,

OU

LA FERME ET LA COUR.

IMPRIMERIE ET FONDERIE DE G. DOYEN,
Paris. — Rue Saint-Jacques, n. 38.

LE
ROI D'YVETOT

OU

LA FERME ET LA COUR,

Manuscrit trouvé au fond d'une citerne abandonnée
depuis l'an 554, et publié

PAR L. T. GILBERT.

TOME QUATRIÈME.

PARIS.

MASSON ET YONET, LIBRAIRES,
RUE HAUTEFEUILLE, N. 14.

1831.

CHAPITRE XXII.

Urbain chez le bailli. — L'ami de Paris chassé.
— Suite et fin de l'histoire de Christel et du
page.

M. de Plat-en-Cour, qui faisait ses petits calculs et se livrait à de nouveaux
projets d'ambition, voyait le roi son

maître déjà la proie d'une courtisane vendue à ses intérêts, qu'il regardait d'avance comme un ressort puissant qui allait faire marcher la politique, augmenter les impôts, exciter même au besoin une petite guerre; M. le conseiller, dis-je, fut encore désappointé lorsqu'il vit entrer au bailliage le bon Urbain, qui, suivant l'ordre du souverain, venait lui annoncer le retour de dame Baboline, et, par suite de leur entretien, lui détailla les transports touchants des deux époux en se revoyant. Cette nouvelle fit faire à notre magistrat une grimace toute comique et une exclamation qui peignait son mécontentement, mais qu'Urbain ne comprit point. M. de Plat-en-Cour, qui échouait encore dans cette affaire, dissimulant sa mauvaise humeur, remercia grâcieusement l'ermite-aumônier, et l'assura qu'il était enchanté du retour de la dame d'Yvetot, et qu'il ne manquerait pas de se rendre au cercle de sa cour, et d'y conduire madame de Plat-en-Cour.

Quand Urbain fut sorti du bailliage, M. le conseiller, fort mécontent et ne sachant à qui s'en prendre de la ruine de son plan nouveau, courut au jardin où son bon ami de Paris était occupé à répéter avec madame une scène touchante et vive. Le bailli, mal disposé, voulut se fâcher contre sa femme, qu'il traita de coquette et de vieille folle ;

mais l'ami entremetteur d'amour se jeta à la traverse et arrêta la querelle qui s'élevait, assurant au magistrat qu'il n'avait rien à reprocher à la vertu de la dame du bailliage ; que de son côté la force de l'habitude, comme il le lui avait déjà dit, l'entraînait et le mettait sans cesse sur le chemin de la galanterie. Cette fois le bailli prit la mouche, et, ne donnant pas dans la force de l'habitude de son ami, lui adressa mille reproches, et profita de l'occasion pour ne pas l'épargner sur ce qui regardait les amours du roi : il poussa les choses jusqu'à le traiter de maladroit, d'imposteur, et l'invita assez brusquement à quitter sa maison sur-le-champ, et le pays dès le jour suivant, sous peine d'être jeté dans le pigeonnier devenu prison d'état, et d'aller tenir compagnie au page Isoard. L'ami de Paris, qui n'était à tout prendre qu'un chevalier d'industrie errant par le monde et traînant comme tant d'autres son audace et son infamie, n'aimant point à avoir rien à démêler avec les gens de justice, ne se fit pas répéter l'ordre impératif qu'on venait de lui donner. Il prit son manteau, sa rapière et son feutre à plumes, et sur l'heure même quitta le prudent conseiller, qui oubliait qu'il était le complice de celui qu'il chassait de sa maison, et dont il s'était servi comme d'un marchepied propre à l'élever davantage; mais que, trompé dans ses espérances nouvelles de fortune et de pouvoir, il désavouait et repoussait avec mépris.

Le soir étant venu, le conseiller, qui avait fait sa paix avec sa femme, la prit en croupe sur sa mule qu'il avait fait seller, et tous deux, suivis d'un valet à pied, arrivèrent à la ferme royale au moment où l'on allait se mettre à table. La présence du magistrat rappela au petit roi la belle brune de la veille ; mais cette réminiscence d'amour ne fut pour son cœur que le passage d'un éclair; un regard de Baboline, placée à sa droite, dissipa ce trouble d'un moment, et, comme un feu qui gagne de proche en proche, sa gaieté vint bientôt se communiquer à tous les convives et faire le tour

de la table. Le repas terminé, et fatiguée
de joie, la reine, pour faire diversion
aux plaisirs, invita son aumônier et son
lecteur de terminer son récit touchant
les amours de Christel et de Mathia.
L'ermite fit comprendre à sa souveraine,
par une inclination de tête et un salut
respectueux, qu'il se rendait à son désir,
se recueillit pendant que le silence s'éta-
blissait dans toutes les parties de la salle,
et lorsqu'il vit la compagnie de la reine
assise et attentive, il prit ainsi la parole :

« S'il vous en souvient, nous avons
laissé la tendre Mathia sur la montagne,
où, après les plus nobles remontrances
à son cher Christel, la bergère lui donne

sa main à baiser, le presse même sur son cœur et se sépare de lui avec ce courage héroïque dont seul est capable un amour chaste.

« Pour Christel, il n'était jamais retourné avec tant d'humeur au milieu de ses camarades. La certitude qu'il venait d'acquérir que Mathia l'aimait ne le tranquillisait pas. L'amour même le plus heureux, le mieux payé de retour, aime à s'inquiéter. Christel, comme tous les amants, chérissait son martyre et se perdait en raisonnements où la raison n'était pas toujours d'accord avec elle-même : « Non, se disait-il, la sœur de Carli ne m'aime point ; si elle m'aimait, aurait-elle refusé de me suivre ?... Mais n'est-ce pas

aussi trop exiger que de vouloir qu'elle
quitte ses montagnes chéries, sa famille
adorée, pour moi qu'elle ne voit, qu'elle
ne connaît que depuis peu de jours?
N'est-ce pas une tyrannie, lorsque moi,
moi qui l'adore, moi qui lui dois la vie,
je ne quitterais pas pour elle... quoi? un
camp oisif, des camarades ingrats, jaloux, méchants!... Insensé Christel, peux-
tu donc oublier si légèrement, pour une
femme, tes devoirs, la gloire qui t'attend? Ah, ciel! éloignons de nous de si
honteuses pensées ; ne cessons d'aimer
Mathia, mais restons Français et fidèle à l'honneur, à ma patrie, à mon
prince. »

    « Pendant l'absence de Christel,
1.

Isoard de Moutour avait obtenu du général la permission d'aller le lendemain, avec un petit détachement et son ami, dont il devenait chaque jour plus jaloux, examiner de plus près les lieux que celui-ci avait reconnus. Christel, agité de mille réflexions et trop occupé de son amie, ne montra à son lieutenant aucune joie d'être envoyé avec lui dans les montagnes contre les partisans; il en fut même un moment troublé; mais il se remit à une idée que lui suggéra son amour. En parcourant le pays, il était assuré de rencontrer Mathia à l'endroit ordinaire de leurs rendez-vous; il n'avait qu'à faire signe à sa troupe de s'emparer d'elle et de la conduire au camp. L'amoureux capitaine espérait que cette petite violence lui serait pardonnée et que bientôt la jeune Milanaise oublierait pour lui et ses parents et ses montagnes.

« Le projet que Christel formait d'enlever Mathia à sa famille, Carli allait le mettre à exécution. D'après les avis qu'il avait donnés, on lui avait confié un détachement avec lequel il se proposait d'épier les mouvements de l'armée française, de la harceler, et de faire tout son possible pour s'emparer, à l'aide de sa sœur, du jeune officier dont elle était éprise si fortement. Le jour suivant, dans ce dessein, il partagea ses gens : la moitié resta cachée dans une gorge abri-

tée de grands arbres ; le reste fut dirigé
vers l'endroit où Christel avait habitude
de se rendre. Personne ne fut instruit
de ces dispositions de Carli ; Scalla, son
père, fut mis seul dans le secret.

« Christel, de son côté, avec sa troupe
et Isoard étaient arrivés au pied de la
montagne ; et, comme il avait fait la
veille, il avait placé ses hommes en em-
buscade et ordonna à son lieutenant de
rester pour surveiller leur conduite ;
mais, quelque soin qu'il prit, jamais il
ne put obtenir que son perfide et im-
portun ami ne suivît ses pas. Ne pouvant
donc se défaire d'Isoard de Moutour, dans
l'espoir de le lasser, il le fit errer de
montagne en montagne, et, quelque pré-

caution qu'ils prissent, le bruit de leur marche les trahit à la fin. Les deux officiers se virent entourés de partisans ; Christel parcourut à la hâte leurs figures, et, n'y remarquant pas Carli, il arme son mousquet et ordonne à son lieutenant de faire comme lui. Dans l'instant les Italiens s'élancent sur lui et sur Isoard de Moutour et allaient les sacrifier à leur fureur, si Christel, d'une voix ferme, n'eût appelé Carli. *A ce nom, les partisans s'ar*rêtèrent. Christel demanda à être conduit devant le frère de Mathia ; et Isoard, si vain, si fanfaron au camp, demanda supplia même honteusement, que cette faveur leur fût accordée. Cette lâcheté d'un officier français, dont on leur avait vanté souvent le courage, sembla ranimer la fureur des partisans : leur premier soin fut de désarmer leurs prisonniers ; ensuite ils les conduisirent au village voisin. La détonnation du mousquet de Christel avait provoqué les embuscades des deux partis. Carli se montra le premier avec quelques-uns des siens, et la première personne qui frappa ses regards fut Christel que l'on maltraitait, parce qu'il n'avait pas voulu dire les motifs pour lesquels il demandait à être conduit devant le chef de cette troupe.

« Ah ciel ! vous, Christel, mon prisonnier ? s'écrie Carli. Puis s'adressant aux Milanais : Camarades, lâchez cet officier ; c'est l'ami de votre capitaine. »

« Les soldats, assez mécontents de lâcher leur proie, se retirèrent.

« Mais, ajoute Carli en regardant Christel, quel est cet homme ?

— C'est mon lieutenant, répond avec chaleur le généreux Christel ; c'est aussi mon ami, et nous ne croyons pas tomber au milieu d'une troupe d'assassins, pendant la trève signée depuis quelques jours. »

« Carli voulut répondre à ce reproche, lorsque les soldats de Christel parurent. A leur approche les partisans firent feu sur eux. Christel aussitôt arrache l'épée que Carli portait à son côté, élève la voix, encourage les siens, et se défend courageusement ; mais les partisans, plus

nombreux et mieux au fait du terrain,
eurent l'avantage et demeurèrent maî-
tres du champ de bataille. Les soldats
français furent tués ou pris ; un seul
d'entr'eux eut le bonheur de s'échapper
et courut au camp porter la nouvelle du
combat et de la défaite du détachement.

« Carli marcha, avec ses prisonniers,
en triomphe vers le village où résidait
son père. Pendant la marche Christel
était transporté d'une fureur qui allait
jusqu'au délire. En vainqueur généreux,
le jeune partisan cherchait à le consoler
de la disgrâce du sort et tâchait de le
tranquilliser en lui parlant de Mathia sa
sœur. Isoard de Moutour était gardé de

plus près, et ne pouvait revenir de la surprise où le jetait la connaissance de son capitaine avec le partisan. Arrivé dans le village, Carli conduisit Christel droit à la maison du vieux Scalla. Quant à Isoard de Moutour, on le livra avec les autres prisonniers au chef des partisans; mais, avant de se séparer de son lieutenant, l'amant de Mathia se retourna devant lui :

« Cher Isoard, lui dit-il en lui serrant la main (des larmes coulaient de ses yeux), ne me condamnez point. Je suis innocent de tout ce qui vient d'arriver; pour l'instant c'est tout ce que mon amitié peut confier à la vôtre... »

« Il n'en put dire davantage : son cœur

était brisé ; le sort de ses frères d'armes, le sien, sa séparation d'avec Isoard de Moutour, son meilleur ami, et l'espoir séduisant de retrouver Mathia, l'agitaient tout à la fois. Christel parut enfin devant le père de Carli : le maintien noble du jeune officier français prévint le vieillard en sa faveur ; il le reçut amicalement et jura sur l'Évangile de lui rendre sa captivité supportable. Dans le même instant entra Mathia, cette aimable fille qui ne se croyait point aimée ; elle demeura interdite à la vue de son amant.

« C'est lui !... c'est lui !... s'écria enfin la bergère en s'approchant vers son père et en se jetant à ses pieds ; oui, mon père, c'est l'aimable étranger dont mon

frère et moi vous entretenions hier encore. Ah ! mon père, il est Français ;
mais pourrez-vous le haïr ? non, non,
votre cœur est trop généreux... Et vous,
Christel, vous me regardez avec indifférence ; vous ne me dites rien ; vous ne
vouliez pas m'accompagner et vous avez
suivi mon frère : expliquez-moi ce ca-
price.

— Je voudrais, dit Christel avec fureur, qu'on ne m'eût pas amené ici
vivant ! »

« La pauvre Mathia pâlit à cette réponse inattendue ; mais Carli, pour la
tranquilliser, l'informa de tout ce qui
s'était passé.

« Déchiré de remords et de chagrins,

Christel appelait la mort à son secours, comme le remède unique à ses souffrances. Il devint triste, évita les entretiens de Mathia. Sa sombre mélancolie lui procura la compassion d'Anna, femme de Scalla, et sa conversation sérieuse et pleine de sens l'estime du frère de son amante. De son coté Mathia faisait tout ce qui était en son pouvoir afin de consoler Christel, en lui rappelant leurs premiers entretiens, leurs serments, le désir qu'il avait manifesté plusieurs fois de connaître sa famille; mais le malheureux Christel ne répondait à ces tendres reproches que par le silence et les pleurs; ou bien, forcé de s'expliquer, il s'écriait dans son désespoir: « Mathia! ce bonheur

que je comptais goûter un jour , je l'ai
perdu pour jamais ! Puis-je ouvrir mon
cœur à la joie , à l'amour , quand je sais
que par mon imprudente conduite mes
compagnons d'armes sont dans le malheur et la captivité ? Est-il nécessaire de
vous dire que le désir de vous voir m'a
fait oublier mon prince, mes devoirs et
l'honneur. » Mathia convint enfin avec
son amant que ses remords étaient jus-
tes, et, voulant réparer le tort que Carli
son frère venait de lui causer , cette tendre fille promit de tout faire pour le
rendre à ses devoirs , dût-il lui en coûter
ce qu'elle avait de plus cher au monde.
« Parlez, lui dit-elle un jour qu'elle
le voyait plus triste qu'à l'ordinaire ;

que faut-il que je fasse? je suis prête.

— Cœur noble et généreux! il est encore un moyen de me prouver votre amour, c'est... ; mais, hélas! comment mettre d'accord et mes désirs et votre de voir! et comment pourriez-vous me suivre dans moncamp, peut-être que toutes les routes qui y mènent sont fermées! »

« Le vieux Scalla, qui prenait de jour en jour plus d'amitié pour son prisonnier, qui avait gagné entièrement son cœur, lui manifesta, dans un de leurs entretiens, le bonheur qu'il aurait de le voir un jour son gendre, et de pouvoir mettre d'accord ses opinions politiques avec son estime et sa tendresse pour sa fille, en lui permettant d'épouser un homme qu'il ne serait plus forcé, si la paix se faisait, de regarder comme l'ennemi de son pays.

« Chrisetl, voyant à ne s'y plus méprendre les bonnes et franches intentions du vieux Scalla à son égard, sollicita de son crédit un relâchement de sévérité envers Isoard de Moutour, son ami; il engagea même Mathia à s'intéresser au sort de son lieutenant. Cette amante, attentive à tout ce qui pouvait plaire à son ami, obtint, non sans beaucoup de prières, que l'ami de Christel serait moins sévèrement traité. Carli fut chargé de l'amener à la maison de la famille de Scalla. En revoyant son lieutenant, Christel se jeta dans ses bras,

et ne put s'empêcher de lui témoigner
sa surprise sur l'état de dépérissement
et de pâleur où il le voyait. « Oui , je le
conçois , répondit avec aigreur Isoard ,
la mine et les vêtements déchirés d'un
pauvre prisonnier vous font peur , parce
que vous ne l'êtes pas ici. On n'ignore
pas ce qui se passe, et de quelle odieuse
trahison nous sommes les victimes. Christel sentit toute l'amertume de cette réponse d'un homme qu'il avait jusque alors
cru son meilleur ami : dès ce moment il
prit la résolution de quitter la maison
de Scalla , et se flatta que son retour à
l'armée française pourrait réparer ce qu'il
y avait de blâmable dans sa conduite.
Isoard fut bientôt agité par d'autres senti-

ments que ceux de la jalousie et de la
haine. Mathia avait touché son ame : il
lui adressa à plusieurs reprises quelques
compliments flatteurs ; mais voyant la
froideur avec laquelle ils étaient reçus,
il ne lui fut plus difficile de pénétrer le
secret des amants. Changement de bat-
teries : il feignit de l'indifférence pour
Mathia, et beaucoup de prévenance pour
Christel. Cependant tous les efforts qu'il
faisait pour gagner la confiance des deux
amants paraissaient contraints et forcés,
et l'assurance même de son amitié avait
quelque chose de suspect. Il ne se main-
tenait auprès de Mathia et de son capitaine que parce qu'il les encourageait à suivre le plan qu'ils avaient formé de quitter

4.   2

furtivement la maison paternelle, et leur offrait ses services. Ce qui explique l'odieuse conduite d'Isoard de Moutour, c'est qu'il avait conçu l'espoir d'attirer la fille de Scalla dans le camp français, et de triompher un jour de sa vertu. En effet, les amants se virent bientôt dans la nécessité d'exécuter cette résolution hardie.

« L'action qui avait eu lieu sur la montagne, entre les Français et les partisans du duc de Milan, fut cause que les Italiens furent accusés d'avoir rompu la trève. L'armée de François Ier s'était avancée jusqu'au pied des montagnes situées derrière son camp, et déjà l'avant-garde avait pris possession du village où se trouvaient les prisonniers. Le soldat qui s'était sauvé seul du détachement confié à Christel et à Isoard avait raconté tant de particularités sur la manière dont le premier avait été pris, que le général commença à soupçonner la conduite du jeune capitaine. A la nouvelle de l'approche de l'armée, Scalla avait prudemment éloigné les deux prisonniers qui habitaient sa maison, et la séparation des deux amants fut résolue. Heureusement pour Christel que Mathia en fut informée par Anna sa bonne mère. Elle accourut aussitôt vers son ami, le prit à l'écart et lui dit avec émotion : « On veut nous séparer : si nous ne trouvons pas un moyen de parer ce coup funeste, de-

main vous et vos camarades serez con-
duits au grand quartier général de notre
prince, et je ne vous reverrai plus!...

— Aimable Mathia, est-il un moyen plus
sûr pour prévenir ce revers inattendu,
répond Christel hors de lui, que de facili-
ter ma fuite et de me suivre, afin d'é-
chapper au courroux de votre père? Qui
peut vous retenir? Si vous m'aimez vé-
ritablement, comme tout me le prouve,
qui peut vous plaire dans ces montagnes, qui, sans moi, deviendront pour
vous une affreuse, une insupportable
solitude? » Mais Mathia, au lieu de répondre à cet appel de l'amour, regarda
son amant avec tristesse, garda le silence,
et voulut lui dérober un sourire amer

qui décelait la pensée de son ame et ses
craintes pour l'avenir. « Je le vois, répond
le pressant Christel, je ne suis pas encore digne de la confiance de Mathia :
quelle promesse, quel serment exige-
t-elle, lorsque plusieurs fois déjà je l'ai
assurée que notre premier pas, en fuyant
le toit de Scalla, sera vers la tente de l'aumônier de mon régiment , qui se fera
un devoir de bénir notre union ? Que
faut-il de plus ? et suis-je assez malheureux pour que l'on doute de la sincérité
de mes promesses et du désir que j'ai
de vous déclarer publiquement ma femme?... » Mathia ne put répondre à ce tendre reproche que par des larmes et des
transports de joie ; et, entraînée par la

violence de son amour, rassura son ami en se jetant à son cou et le couvrant de baisers brûlants.

« Les amants furent surpris dans cette situation délirante par Isoard de Moutour. Combien le bonheur de Christel mortifia son cœur et excita sa jalousie ! L'amant de Mathia l'aperçut le premier ; il se détacha doucement des bras de sa tendre maîtresse, et courut à celui qu'il croyait son ami, et qu'il était loin de soupçonner son rival. « Mon cher Isoard, lui dit-il affectueusement, vous m'avez souvent assuré de votre amitié. Voici le moment de m'en donner la preuve ; je compte même sur elle. » Le perfide Isoard, déguisant son dépit, assura son jeune

frère d'armes de son dévouement, et
Christel, sans défiance aucune, lui fit
part de son projet d'évasion avec Mathia.
Le lieutenant, jouant l'officieux, propo-
sa un plan de suite : « Il faut, charmante
Mathia, lui dit-il en affectant de la joie,
que ce soir, lorsque l'on viendra me chercher pour me reconduire avec les autres
prisonniers, que vous fassiez tout pour
qu'il me soit accordé de passer encore
une heure ou deux avec vous. Pendant
que les partisans m'attendront en vidant quelques pots de vin, que vous
aurez soin de leur offrir pour les faire
patienter, nous profiterons des ombres
du soir pour fuir sans danger, en passant par la porte du jardin de cette mai-

son, qui conduit dans les montagnes.
Vous nous servirez de guide, en nous
conduisant pas des détours que personne ne pourra découvrir, attendu l'obscurité ; et nous serons déjà fort loin, et
au pied de ces monts, avant qu'on ne
pense à nous poursuivre.»

« Christel allait embrasser Isoard, et le
remercier de son heureux et sûr expé-
dient, lorsqu'Anna vint annoncer aux prisonniers que la table était servie, et l'on
alla se ranger aux côtés du vieux Scalla,
qui, pendant le repas, se réjouit de voir
Christel et Isoard en si belle humeur. La
joie de recouvrir sa liberté, de posséder
Mathia, et de pouvoir justifier sa conduite,
occupaient l'esprit du jeune capitaine.

Son lieutenant ne fit pas moins éclater
de gaieté que lui, mais que les motifs en
étaient différents ! Il savourait intérieu-
rement, et d'avance, le bonheur de perdre un rival , et de trahir un ami qu'il
détestait. La sensible Mathia seule pensa
trahir le projet de fuite concerté. Elle
regardait sa mère avec des yeux pleins
de langueur ; elle répandait des larmes
qu'elle ne pouvait retenir; elle s'empa-
rait de la main de son vieux père qu'elle
baisait avec transport. Anna ne pénétra
rien : elle ne vit, dans l'agitation de sa
fille , que la douleur bien naturelle de
se séparer de son ami. Christel, plein de
prudence , jetait à la bergère émue
des coups d'œil à la dérobée pour l'en-

2.

gager à rappeler son courage, à se contenir, et surtout à garder le silence.

« Le dîner terminé, Carli s'éloigna de la maison pour rejoindre les partisans dans la montagne voisine; Anna desservit la table; Scalla invita les deux officiers à le suivre à son jardin, où, sous un berceau de vigne et de lierre, il s'entretint avec eux de la situation politique du Milanais. Restée seule, Mathia mit les instants à profit; elle s'occupa secrètement des préparatifs de son voyage; elle rassembla ce qu'elle possédait de plus précieux. Christel, à qui elle fit part de sa prévoyance, chercha à la détourner de cette action en l'assurant que rien ne lui manquerait auprès de lui. L'infortuné jeune homme ne prévoyait pas l'orage qui se préparait et qui allait fondre incessamment sur sa tête.

« L'instant du départ arriva : Isoard, le premier, le rappela aux amants. Mathia, d'abord si décidée, si heureuse de devenir l'épouse de Christel, semblait avoir perdu tout courage : elle s'attachait à sa mère, l'embrassait, la regardait avec inquiétude et tendresse, et ne répondait que confusément à ses questions. De son côté Christel éprouvait cent remords d'enlever sa maîtresse à sa famille qui la chérissait ; l'idée de se rendre odieux à ses bienfaiteurs, par le trait le plus noir, par l'ingratitude la plus affreuse, lui était insupportable. Il hésitait, il tremblait, il maudissait son amour ; mais Isoard, présent à ces combats que le respect humain, la religion et l'honneur livraient à son capitaine, par quelques paroles décisives le tira de cette incertitude où il le voyait. « Christel, lui dit-il avec énergie, ce n'est plus le moment de délibérer : tout est disposé ; je suis parvenu avec de l'or à corrompre nos gardes ; et la belle Mathia, plus ferme que son timide amant, nous attend déjà à cent pas de la maison de son père. Pour vous déterminer faut-il encore vous apprendre que demain viendra s'établir dans ce village le quartier général des partisans du duc de Milan.

— Cher Isoard, partez, je vous suis,

s'écrie à son tour le jeune capitaine, et, sans bruit, il sort du jardin où il s'était retiré sous prétexte d'y prendre le frais, escalade le petit mur d'enclos et rejoint la tendre Mathia et son lieutenant. Quand on fut réuni à l'endroit convenu, Mathia saisit la main de son ami en lui disant : « Cher Christel, hâtons-nous, profitons des ombres de la nuit ; la Providence nous favorise et m'a rendu mon courage ; » puis jetant un dernier regard du côté de la maison paternelle, le visage inondé de brûlantes larmes, le cœur serré, la malheureuse fille de Scalla balbutia une prière fervente pour ses parents, et suivit les deux officiers français, auxquels elle servit de guide, s'enfonça dans une allée obscure de la vallée qui tournait la montagne.

« Depuis deux heures ils erraient avec peine de sentier en sentier, traversant des ravins, franchissant des fossés, et évitant les grands chemins, lorsqu'ils aperçurent une lumière. « C'est ici sans doute que sont nos postes avancés, » s'écria Christel, en assurant à son amie qu'il n'y avait plus que quelques centaines de pas à faire pour arriver au camp français. Pendant leur marche incertaine et difficile, le perfide Isoard de Moutour tâchait toujours de les devancer; il se proposait de se servir du secret de son capitaine pour le perdre, obtenir son grade pour récompense, et forcer un jour Mathia à lui accorder sa main. Dès qu'il vit briller la lumière en question, il se retourne vers les amants et leur dit à voix basse : « N'allez pas plus avant; ce sont nos gens, je vais les disposer à nous recevoir; » et, sans attendre l'avis de Christel, il s'avance, se fait reconnaître de la première sentinelle qui lui apprend le nom de l'officier de service. Il se fit conduire près de lui, et lui annonça l'arrivée du capitaine Christel, qu'il ne manque pas de lui signaler comme un traître qui, par son extravagant amour pour une fille des montagnes des environs, a causé la perte du détachement qui avait été confié à sa prudence. L'offi-

cier prend aussitôt six hommes, va au-
devant du jeune capitaine. « Qu'on
arrête ce déserteur, s'écria-t-il avec
force en s'adressant à ses soldats; qu'on
se saisisse de ce parjure! » Christel, plein
d'effroi, et stupéfait d'étonnement, ne
put proférer une seule parole; Mathia,
moins troublée, parla aux soldats avec
courage. « Vous voyez en nous des
gens qui se viennent placer sous votre
protection.

— Nous ne connaissons ici, répond
l'officier, qu'un déserteur français, » et il
s'éloigna. On s'empara du jeune capitaine. Mathia eut beau demander d'être
conduite avec lui à la garde du camp,
elle fut inhumainement repoussée par

les soldats, qui la séparèrent enfin de son amant. Isoard de Moutour, pour consommer son crime, courut en hâte chez le général, où il n'oublia rien de ce qui pouvait faire paraître la faiblesse de son capitaine ; et le chef du corps d'armée donna sur-le-champ les ordres pour que Christel, le lendemain même, fût interrogé, jugé et exécuté ; puis il congédia le traître Isoard en le félicitant de sa fidélité *au roi* et de son zèle pour le bien du service, mais avec la conscience blessée et déjà déchirée de remords d'avoir perdu un innocent. En sortant de la tente du général, Isoard se rendit auprès de Mathia, qu'il trouva assise au pied d'un peuplier, non loin du camp.

Dès qu'elle le vit, elle se leva, et d'un ton sérieux qui devait faire frémir un cœur criminel, elle lui dit: « Amenez-vous Christel? » Le cruel et perfide ami du capitaine avait médité sa réponse. « Il n'est pas à ma disposition, répondit-il froidement; on est mécontent de sa conduite; on l'accuse même de trahison; mais il faut espérer que bientôt la vérité triomphera, et qu'il sera rendu à votre amour. » Ne voulant pas prolonger l'entretien sur un sujet qui pour lui serait devenu embarrassant, il l'invita avec un ton d'intérêt à le suivre dans une chaumière voisine. « Vous ne pouvez demeurer ici, lui dit-il, vous y courrez trop de risques, et pour votre honneur et pour votre sûreté ; l'habitant de la chaumière où je veux vous conduire est un honnête bûcheron auquel j'ai déjà parlé de vous, que j'ai récompensé d'avance, et qui vous recevra comme sa propre fille : venez donc avec moi, on nous attend. » Mathia, inquiète sur le sort de son ami, suivit machinalement Isoard de Moutour, qui la conduisit effectivement chez le bûcheron, à la famille *duquel il* la recommanda de *nouveau* avec le plus vif empressement ; puis il se retira en assurant la bergère qu'il la reverrait le lendemain, et qu'il lui apporterait des nouvelles de Christel.

« Comment se peindre les tourments

de Mathia? Comment rendre sa douleur, ses larmes qui coulaient par torrent, son morne silence qui approchait du délire? C'est une tâche au-dessus de mes forces ; je la laisse aux cœurs sensibles de ceux qui me prêtent ici leur attention.

« Avec le retour de l'aurore, la tendre Mathia conçut l'espérance de revoir Christel ; elle n'aspirait pas moins après le retour d'Isoard de Moutour : qu'il lui parut lent à arriver ! Enfin, il se présenta, et d'un air rayonnant il lui remit un billet de son ami. Dans son premier transport, Mathia aurait volontiers embrassé le perfide lieutenant. Hélas! que devint-elle lorsque, après la lecture de quelques lignes, elle apprit que Christel avait été interrogé; qu'incapable de détour, il n'avait déguisé aucune circonstance de son aventure, et qu'il ignorait encore quel sort lui était réservé...

« Eh ! quel sort ? me dit-il ... Peut-on lui faire un crime de m'aimer, d'avoir été le prisonnier de mon frère ? et vous, son lieutenant, n'avez-vous donc point dit tout ce qui pouvait justifier votre ami ? Pourquoi ne vous occuper que de moi ? vous ne me devez aucun soin et jamais vous ne m'en devrez. » La malheureuse fille de Scalla accompagna ses dernières paroles d'un regard qui pénétra comme un trait l'ame vile du méchant page, qui se retira en l'assurant qu'il allait se rendre chez le général, et faire tout ce qui dépendrait de lui pour sauver son ami; mais qu'il était presque sans espoir de réussir. A ce dernier mot Mathia ne put contenir sa fureur; elle éclata contre Isoard, qu'elle accabla des épithètes de traître et de scélérat; puis, suspendant tout *d'un coup sa colère*, elle se jeta à ses genoux, les arrosa de ses pleurs en le conjurant de sauver son cher Christel.

« Le fait est que l'amant de Mathia avait été jugé selon la rigueur des *lois* militaires : le jour suivant il devait perdre la vie. Isoard même devait commander son exécution.

« Christel entendit son arrêt sans murmurer, et avec l'affliction d'un homme qui sent l'oubli qu'il a fait de ses devoirs. Ne demandant et n'espérant de pardon que du ciel, il me fit demander près de lui ; comme aumônier du régiment j'ai reçu ses dernières paroles, et l'ai assisté à sa dernière heure...

« L'infâme Isoard, qui triomphait, n'avait pas oublié de prendre ses précautions pour empêcher Mathia d'arriver au camp français, où il savait qu'elle avait l'intention de se rendre chez le général, qui peut-être eût pardonné à Christel, dont il avait lâchement convoité le grade et la maîtresse. Mais l'impatiente bergère, trompant la vigilance de la famille du bûcheron, avait trouvé

le moyen de se sauver, et elle se pré-
sentait au dernier poste, lorsque son
amant et le piquet qui devait le fusiller
marchaient au lieu du supplice, où déjà
le régiment et l'état major s'étaient rendus. O Dieu ! quelle horrible scène se
préparait ! non, je ne puis la rappeler
à ma mémoire sans en frémir ! mon cœur
se brise au récit que je dois vous en
faire ! Nous étions, dis-je, sur le chemin
du supplice ; l'image du Christ entre les
mains et la parole consolante de Dieu à
la bouche, je soutenais le courage du
jeune capitaine, que pleuraient nos vieux
soldats qui le voyaient, chargé de chaînes,
passer devant le drapeau que tant de
fois déjà il avait défendu vaillamment à

leur téte, lorsque tout-àcoup paraît
devant nous une jeune fille, les cheveux épars, les yeux égarés, le sein
découvert, et dans le plus grand désor-
dre d'esprit. Celui qu'elle cherche,
qu'elle demande, qu'elle appelle, est
précisément celui qu'elle aperçoit le
premier. Poussée par la crainte, la joie,
l'amour, et tous les sentiments d'un cœur
violemment agité, elle hâte encore sa
course déjà rapide et vient tomber sans
mouvement dans les bras de l'infortuné
capitaine que, à son aspect, la fermeté
abandonne. Cet incident suspend le moment de l'exécution. Le barbare Isoard,
d'une voix sombre mais haute, ordonne
qu'on sépare les deux amants. En vain

je le supplie, en vain son ami qu'il a trahi, son capitaine qu'il a sacrifié à son ambition, lui adresse-t-il la prière la plus humble pour retarder sa mort; en vain Mathia elle-même, revenue de son évanouissement, lui demande-t-elle le temps d'aller parler au général, dont on lui a vanté l'humanité et la justice : « Retirez-vous tous, s'écrie le lieutenant, mu par la crainte d'une pareille démarche, qui infailliblement démasquerait la noirceur de sa conduite; je dois, ajoute-t-il, exécuter mes ordres. » Il a dit : il fait un geste impératif, quelques soldats viennent se placer entre nous et Christel. Le moyen de résister à la force?... Le piquet s'avance; le malheureux capitaine retrouve son courage; il lève les yeux au ciel, de la main me dit adieu, jette un dernier regard sur Mathia qui lui tend les bras, fait quelques pas encore, puis se retourne et commande le feu. Dirigé sur sa poitrine, le plomb meurtrier part et va percer son cœur. L'explosion des armes fait jeter un cri affreux à l'infortunée Mathia que je soutenais, et que je cherchais à rappeler à la raison. Hélas! il n'était plus temps : frappée du coup fatal qui tuait sous ses yeux son ami, cette fille trop sensible, qui avait tout sacrifié pour répondre à son amour, expira dans les tourments des plus horribles convulsions. Le général, qui, pour se renfermer

4.   3.

dans la triste observance de ses devoirs, avait fait juger le jeune capitaine, dont il estimait le courage d'ailleurs, par un sentiment de bonté, et dans l'espérance de conserver à son prince un bon militaire, avait cru devoir solliciter sa grâce de François Ier et l'avait obtenue ; mais l'officier chargé de cette grâce arriva trop tard : Christel avait cessé de vivre.

« Suivant le vœu que Mathia avait formé un moment avant d'expirer, je fis placer sa dépouille mortelle auprès du cadavre défiguré de son amant. La même fosse unit leurs corps, comme l'amour le plus chaste avait uni leurs ames. Le cruel Isoard, par cette mort inattendue, perdit le fruit de son infâme menée, devint l'objet du

mépris de ses camarades, et fut bientôt
forcé de quitter l'armée, où il n'y avait
plus de sûreté pour sa personne, me-
nacée du ressentiment des officiers, dis-
posés à venger la perte du brave et malheureux Christel. »

La fin touchante du récit de l'ermite
Urbain avait attendri l'auditoire; chacun se retira du cercle de la ferme les
larmes aux yeux, et pénétré de la plus
juste indignation contre le méchant page
Isoard.

CHAPITRE XXIII.

Rétablissement de la taille. — Restauration du bailliage. — Fête impromptu. — Vol fait par des Bohémiens.

Les gens qui cherchent à jeter du ridicule sur un ministre opiniâtre dans ses projets ou ses résolutions, ressemblent à ces chiens qui aboyent à la lune. Poussé dans la carrière, l'homme en faveur laisse dire et publier tout ce qu'on veut pour ou contre sa personne et son administration et n'en fait pas moins ce qu'il a résolu de faire pour assurer sa fortune, sa gloire, ou affermir son pouvoir. M. le conseiller en était là. Cette patience qu'il affectait était moins chez lui le conseil de la raison que l'effet d'un excessif amour propre contre lequel tout venait échouer. Le bailli pensait d'ailleurs qu'en opposant la patience aux clameurs publiques, il humilierait ceux qui voulaient lui en faire manquer; il la regardait même comme une vertu indispensable à un courtisan, puisque dans toutes les circonstances de sa vie, elle est la dextérité de ses intérêts *et* le manteau de son ambition. Pénétré de ces principes, le conseiller intime du petit roi d'Yvetot, toujours remuant, toujours novateur déterminé, après les camouflets qu'avaient reçus tout récemment ses projets soit en politique, soit en finance, avec un courage vraiment héroïque, revint à la charge et osa proposer au conseil du petit empire le rétablissement de la taille, abolie dans le pays depuis plus de quatre siècles; impôt dont il se réservait la perception générale; car, peu satisfait d'avoir concentré sous sa main presque toutes les branches de l'administration du royaume, il ne voulait pas laisser échapper cette nouvelle occasion de prouver son

5.

infaillibilité et ses mérites universels.
Il eût cru d'ailleurs son pouvoir compromis en abandonnant à l'un des mem-
bres du conseil, qu'il ne regardait plus
que comme ses premiers commis, une
tâche que tout autre pouvait remplir.
M. le bailli avait encore une autre raison qui le portait à faire cette proposi-
tion de la levée d'un nouvel impôt. Mais
la requête du conseiller fut rejetée d'a-
bord par le roi, qui ne voulait entendre
parler d'aucun autre impôt, dans son
petit état, que du pot de cidre que ver-
sait chaque ménage dans les caves de
son cellier, et qu'à certaines époques de
l'année, assis à table avec ses sujets, il
buvait gaiement. Le petit monarque avait

pour système que les rois ont toujours deux trésors où ils peuvent puiser : celui que leur économie fonde sur leur réserve, et celui qu'ils amassent en le laissant croître dans les mains de son peuple. Le motif caché qui faisait agir le conseiller était la réparation de la maison du bailliage, qui menaçait ruine. Il n'était pas fâché d'être logé commodément, plus au large et plus somptueusement, sans débourser un sou; il eût même volontiers souffert qu'on le défrayât de sa table et de mille autres petites dépenses; mais ce n'était pas l'usage à Yvetot ; cependant, avec le temps, le bon monsieur de Plat-en-Cour ne désespérait pas de l'introduire.

Les autres conseillers, tous assez mes-
quinement logés, ne voulurent pas plus
consentir que le monarque à cette dé-
pense, qui pouvait encore se retarder
plusieurs années. Le bailli cacha son dépit, eut l'air de retirer son projet d'em-
bélissement, et prétendit qu'il ferait toujours faire à ses dépens les réparations
les plus urgentes, et les choses en restè-
rent là; mais, guettant l'occasion favorable, et prenant le petit roi dans son
jour de belle humeur et de libéralité,
il lui fit comprendre qu'il était indispensable qu'un souverain, tant petit
que fût son état, eût son premier conseiller logé de manière à en imposer
aux étrangers que la politique, le com-

merce ou la curiosité amènent dans le
pays; que l'impôt de la taille, qu'il avait
proposé ne serait nullement onéreux
pour les sujets; qu'il était fort possible
qu'on criât la première année, mais que
la seconde et toutes les suivantes on
payerait, et qu'à la longue le coffre du
trésor de l'état se remplirait. Le bailli
ajouta encore, pour flatter son maître,
qu'un jour il pourrait des deniers pu-
blics embellir son royaume, l'agrandir
même sans faire la guerre à ses voisins,
et prendre enfin rang parmi les souverains de l'Europe. Cette dernière idée
d'accroissement sans guerre sourit
beaucoup au petit monarque; dès-lors
il se montra un peu moins récalcitrant

pour le rétablissement de l'impôt proposé. Le bailli, qui voyait faillir le roi
et se relâcher de son opiniâtreté, se jeta,
pour arriver à ses fins, dans de spécieux
raisonnements, présenta les choses si
clairement et sous de si favorables couleurs, qu'il parvint à lui arracher la sanc-
tion de son projet; mais il n'en parla
point d'abord, dans la crainte de rencontrer une nouvelle opposition, et, dès le
jour suivant, fit mettre le marteau dans
la maison du bailliage, qui, par son ordre
et sa persévérance, devint en peu de
temps un petit palais qu'un prince n'eût
pas dédaigné d'habiter. Quand le bâtiment fut élevé, le conseiller fit chercher à grand frais dans la Normandie

et les pays circonvoisins tout ce que
les arts et le luxe pouvaient offrir de
riche, de beau et de grand. Le bailli
fit si bien et si promptement les choses,
que la ferme royale, le plus bel édifice
alors du pays, n'eut plus l'air que d'ê-
tre les vastes écuries destinées aux haras
d'un souverain. Tout le monde se mit
encore cette fois à crier au scandale,
au vol, à l'impudence; on courut en
foule visiter les appartements, admirer
la galanterie et la richesse du mobilier,
puis, une fois la curiosité satisfaite, on
alla de nuit briser, à coups de pierre,
les vitraux du bâtiment. Les murs furent remplis de placards dans lesquels
on disait au conseiller de dures vérités.

M. le tabellion, qui habitait dans une
chaumière que les vents et les orages
détruisaient journellement et avaient
presque rendue inhabitable, fit encore
sa chanson, dans laquelle il barbouilla
son ennemi des plus hideuses couleurs,
et par son refrain, qui passa de bouche
en bouche, lui donna le coup de massue,
et fit plus de mal que tous les cris qu'on
avait jetés contre l'ostentation du conseiller, que les plus réfléchis du royaume considéraient comme la volupté
de l'orgueil du petit magistrat, qui lui
sacrifiait tout, mais qui devait un jour
le sacrifier lui-même. Tout ce qui fut dit
et fait contre M. de Plat-en-Cour put
consoler les jaloux et amuser la multi-

tude, mais ne remédia pas au mal. L'é-
difice fut élevé et meublé aux dépens
des réclamants; car la répartition de la
taille avait été dressée et le premier
quart déjà versé dans le coffre royal.
Ainsi, avec la façon d'envisager les choses et les hommes, il restait constant
qu'il importait peu à M. le conseiller
qu'on le chansonnât; l'essentiel pour
lui était que l'impôt fût payé et qu'il
se trouvât somptueusement logé.

Un beau palais que personne ne voit,
qu'on habite seul, comme le hibou per-
ché dans le creux d'un chêne, n'est, pour
celui qui le possède, qu'une fort triste
solitude. M. de Plat-en-Cour n'était donc
pas fâché de faire voir sa nouvelle mai-

son, et surtout le luxe dont il l'avait
embellie ; il ne trouva rien de mieux
pour cela que de donner une petite fête
impromptu. Profitant du passage d'une
troupe de Bohémiens qui courait le pays,
il la fit venir, la paya bien, convoqua les
notables du royaume, et s'assura avant
tout de la présence du roi, de la reine,
et de leur fille. La fête fut des plus amu-
santes : les Bohémiens y déployèrent
toute leur adresse ; ils la poussèrent
même au point d'enlever quelques pièces précieuses de l'ameublement du bailliage, et de fuir les uns après les autres,
laissant dans la plus agréable surprise
leurs majestés, qui, les premières, se

divertirent du larcin commis sous les
yeux du maître de la maison.

CHAPITRE XXIV.

Situation du page dans le pigeonnier. — Le chevalier Galantin à la cour d'Yvetot. — Motif de sa visite. — Caractère bizarre du chevalier. — Fête champêtre. — Institution de l'ordre de la houlette.

Le page Isoard de Moutour, que nous avons laissé se morfondre à son grand déplaisir dans le pigeonnier, devenu le château du calomniateur, n'y avait pas

été oublié un seul jour. Jean Gautier,
qui ne voulait la mort de personne, lui
faisait porter tous les matins un pain
frais, un pot de cidre et des fruits de
son verger. Pour lui rendre l'ennui
moins insupportable, il lui avait envoyé
son vieux livre rempli d'histoires et de
contes plus ou moins amusants ; mais,
par malheur pour lui, le page aimait
mieux la chasse que la lecture. Le sentiment de la liberté, dont il était privé
en vertu d'une loi que le bailli avait été
chercher dans le code chinois, révoltait
par instant son orgueil humilié, et mettait sa patience à bout. Tantôt il était
résolu à se laisser mourir de faim ; mais
l'amour de sa conservation le ramenait

à la table qui lui était servie ponctuelle-
ment : tantôt il voulait se détruire avec
la chaîne de l'arpenteur du pays, qui,
trois fois, en forme de ceinture, lui tournait autour de la taille, et le tenait fixé
comme un chien de chasse à trois ou
quatre pieds d'un solide poteau ; mais
le premier coup dont il se frappait le
rendait plus pacifique, et tristement il
revenait au vieux livre du roi d'Yvetot,
qui, plusieurs fois déjà, lui avait procuré
les douceurs d'un sommeil salutaire, en
lui faisant oublier ses fautes, ses fredaines
et les maux qu'il endurait dans sa captivité.

Cependant un si long esclavage ne
pouvait que le désespérer et lui inspirer

le désir d'en sortir promptement. Plein
de cette pensée, Isoard de Moutour chercha à corrompre le paysan qui avait été
commis à sa garde avec l'ordre d'ouvrir
et de fermer la lourde porte du pigeonnier prison d'état. Jusqu'alors il avait
tout employé, menaces, prières, caresses,
argent même; mais rien n'avait pu ébran-
ler l'intégrité de son geolier, qui n'avait
pas plus eu peur de ses menaces qu'il
ne s'était montré sensible à ses présents,
qu'il avait constamment refusés. Il fallut
donc demeurer attaché au poteau et dé-
vorer son chagrin jusqu'à ce qu'il plût
au bon petit roi d'Yvetot de lui faire
grâce, ce qui, heureusement pour le beau
page de François I\ier, ne devait plus tarder.

Les amours de Georges et de la belle Aloïse avaient repris leur cours; le joli pays d'Yvetot n'était troublé que par les inquiétudes sans cesse renaissantes que causait l'esprit remuant du bailli à toutes les classes du royaume. La bonne intelligence régnait à la ferme de Jean Gautier, et, à la perception près de la taille, tout marchait assez bien. Ce fut au moment de cette situation prospère que se présenta le chevalier Galantin, qui avait si magnifiquement reçu la reine-fermière. Il avait promis à cette souveraine de lui rendre la visite dont elle avait daigné l'honorer dans son vieux et antique manoir, et s'acquittait avec un respectueux empressement de sa pro-

4. 4

messe ; mais la vérité était que la galanterie seule ne l'amenait pas à la cour d'Yvetot. Ruiné en partie par ses dépenses extravagantes pour se tenir sottement au niveau des princes dont il était l'humble esclave, il venait tenter la fortune et tâcher d'accrocher quelque poste ou un bon mariage qui le mît à même de réparer ses désastres. Mais le preux de François Ier s'était un peu bercé de chimériques espérances. Quant aux postes à demander, il ne fallait pas y songer, attendu qu'à la cour de dame Baboline ils étaient peu nombreux, honorifiques, et tous remplis. Un hymen seul parut donc possible au chevalier, fût-il peu sortable. La roture ne l'effrayait point, pourvu qu'il rencontrât de la jeunesse et de la fortune : la fille d'un pâtre riche eût comblé ses vœux. Le seigneur Galantin n'était pas d'ailleurs le premier noble qui, pour réparer ses folies, ne se soit jeté à la tête de la plus obscure famille, ne se soit retourné dans la fange roturière, ne se soit enfin déshonoré pour soutenir son rang parmi les hommes de sa caste, et par ce moyen réparateur avilir sa noblesse et la dégrader. Ce que mille de ses pareils avaient fait, le chevalier regardait comme tout naturel de le faire : le hasard seul fit donc qu'il plaça ses vues plus haut. Le jour de sa réception à la ferme royale, il eut occasion de voir et d'entretenir la belle

4.   4.

Aloïse. La main de la fille du plus petit souverain de l'Europe lui paraissait un trésor qui devait le réconcilier avec la fortune, et lui faire obtenir un jour ou l'autre, et sans beaucoup de peine, quelque emploi élevé dans une cour voisine de celle de son beau-père. Prompt à se bercer de chimères et à se laisser aller aux douces illusions d'un sort meilleur, le pauvre chevalier se mit sur les rangs. Il commença par faire les yeux doux à la jolie bergère, qu'il ne crut pas d'abord fort difficile de décider à épouser un homme de son âge et d'une noblesse aussi antique que la sienne ; mais il fut loin d'être heureux dans ses premières et galantes démarches. Aloïse, loin de se

courroucer des œillades, des agaceries,
et des déclarations multipliées du preux,
ne fit que s'en amuser, et conseilla à
Georges, qui commençait à regarder
son rival d'un œil jaloux, d'en faire autant qu'elle, et de ne point s'alarmer de
tout ce qu'il pourrait voir ou entendre.
C'était en effet le parti le plus sage et
l'avis du prudent O'Reilly, qui avait été
consulté par son maître. Dans le fond,
quelles craintes concevoir d'un barbon à
cheveux gris qui faisait le jeune homme;
d'un vieux fou ruiné; d'un corps ca-
duc consumé dans les camps, par les
plaisirs de l'amour et de la table, et plus
encore que tout cela par le séjour prolongé dans les vastes antichambres des

puissants de la cour de France. Le mieux
était, ainsi que le conseillait spirituelle-
ment Aloïse, de laisser aller le chevalier
Galantin, et de se divertir de toutes les
extravagances qu'il n'allait pas manquer
de faire quand il serait informé qu'il a
un rival redoutable, et pour l'emporter
sur lui et faire en sorte d'obtenir sa main,
par suite de sa galanterie ridicule et su-
rannée.

Le chevalier n'était effectivement pas
homme à se rebuter au premier échec.
Il vit bientôt qu'il n'était pas aimé, et
savait par expérience que l'amour est un
sentiment qui ne s'impose pas, mais que
le temps et la persévérance finissent souvent par amener. Il n'était non plus ja-

loux de Georges, auquel Aloïse donnait devant lui une préférence marquée; il avait d'ailleurs une trop haute et trop bonne opinion de sa personne; il approuvait même les petits jeux et les innocentes caresses que se faisaient les deux amants, et les encourageait quelquefois, bien que dans le fond de son ame il en éprouvât un secret dépit; mais il voulait plaire, et s'était persuadé que le temps, qui renverse les monuments les plus solides, anéantit les empires, détourne les fleuves, guérit les plus noirs chagrins, et efface les plus grands souvenirs; que le temps, dis-je, tôt ou tard affaiblirait cette inclination mutuelle qui le désespérait par moment. Le bon chevalier Galantin était

un soupirant de la très-vieille roche, qui,
dans le cours de sa vie, avait aimé avec
une constance héroïque trente riches et
belles héritières qui toutes s'étaient amu-
sées de ses soupirs, mariées à sa barbe ;
quelques-unes même, afin d'éprouver
son amoureuse soumission, ou plutôt se
moquer de lui, l'avaient prié d'être témoin de la bénédiction nuptiale, ce qu'il
avait toujours accepté avec empressement, et s'était plus d'une fois offert pour
être l'un des quatre tenants du poêle ,
ou bien le premier garçon de noce; et,
dans cette qualité, on l'avait vu faire les
choses avec un luxe de cour, et une galanterie chevaleresque. Le chevalier était
enfin la meilleure pâte d'amants que ja-

mais il y ait eu au monde; chantant la beauté fortunée, versant son sang pour sa défense, lorsqu'il apprend qu'elle est malheureuse et persécutée; souffrant ses rivaux par excès d'amour, de soumission ou d'indulgence, et se contentant d'un doux regard, après trois ans de soins assidus et de peines sans nombre. Comme il est facile de le croire, Georges et Aloïse n'avaient rien à redouter du chevalier Galantin, qui espérait tout du temps; aussi, loin de le haïr, ce qui paraît tout naturel, l'aimaient-ils sincèrement: il arrivait même que, dans certains cas, ils en faisaient l'arbitre de leurs petits débats. A tant de complaisance se joignaient encore la plaisante figure du che-

valier, sa bonhomie, sa mise recherchée
et grotesque, enfin ses vieilles chansons et
ses ballades sentimentales, ce qui formait un concours journalier d'amuse-
ments pour leurs majestés d'Yvetót et
leurs courtisans.

Dame Baboline, qui avait été reçue
avec tant de distinction et de galanterie par le preux de François I ᵉʳ, voulut à son tour lui donner un échantillon
des fêtes qu'elle se proposait de lui offrir
pendant son séjour à Yvetot. Pour cela
elle s'entendit avec le premier conseiller,
madame de Plat – en – Cour sa femme
d'honneur, Urbain son aumônier, et deux
autres courtisans qui furent chargés des
détails et des corvées, si bien qu'en peu de

jours une fête toute champêtre fut arran-
gée pour régaler le courtois chevalier. Le
jour de cette fête, pour laquelle rien
n'avait été négligé, dès six heures du
matin les rues et places du célèbre bourg
furent jonchées de fleurs; à sept heures
la cloche de l'ermitage appela les fidè-
les à une messe solennelle, où une musique assez passable, les tambours et les
trompettes accompagnaient les chants re-
ligieux. En quittant la chapelle tout le
monde se rendit dans la grande place de
la ferme royale qu'ombrageait une en-
ceinte d'arbres auxquels appendaient
des couronnes et des guirlandes. Sous
ces couverts frais et charmants étaient
dressées des tables servies de viandes

froides, de fruits et du meilleur cidre de la contribution de l'année. Dieu sait comme chacun y fit honneur dans cette journée! A midi les sons lointains d'une cornemuse donnèrent le signal de la cérémonie qui allait avoir lieu. Les jeunes filles, parées de blanc et couronnées de fleurs, allèrent se placer sur deux rangs, c'est-à-dire à droite et à gauche d'une espèce de trône qui avait été élevé à dame Baboline près de qui se trouvait le chevalier, armé de toutes pièces, la lance au poing, et immobile et droit comme le clocher de l'ermitage.

Les jeunes garçons, qui s'étaient éclipsés pendant le déjeuner, revinrent en bon ordre, les tambours, les fifres et la

bannière d'Yvetot à leur tête; au centre
de la troupe était placé le berger Georges, au chapeau de paille duquel volti-
geaient des flots de rubans de diverses
couleurs. Après être passés lentement devant la reine, ils allèrent se ranger derrière les jeunes filles et former la haie.
Sur les gradins du trône figuraient les
notables du pays, et devant lui se trouvaient messieurs les conseillers et les
courtisans.

A un *signal* de monsieur le bailli, le
roi parut dans le cercle, tenant Aloïse
par la main; derrière eux venaient deux
bambins qu'on était convenu d'appeler
les pages de la reine : on les avait riche-
ment endimanchés. Ces petits pages à la

façon de dame Baboline portaient un
gros oreiller de coutil, recouvert d'une
belle et fine mousseline garnie de den-
telle. Sur ce coussin reposait la houlette
promise au berger protecteur de la fille
du roi. Lorsque ces deux petits garçons
furent arrivés au pied du trône, que le
roi fut assis près de la reine et d'Aloïse,
dame Baboline ordonna gracieusement
au bailli de prendre la parole, ce qu'il fit
aussitôt, après toutefois avoir toussé
pour rendre sa voix plus nette et moins
nasillarde. Le conseiller grimpa, avec la
légèreté d'un écureuil, sur un tabouret,
afin d'être mieux entendu et plus en évi-
dence; puis, dans un discours qu'il avait
fait, lu, relu, refait, et de nouveau cor-

rigé, il fit l'éloge du courage, des récompenses dont on doit l'honorer, pour conserver le souvenir des belles actions auxquelles il porte les hommes et en perpétuer les exemples. Pour cette fois le bailli fut applaudi, non pas à cause de son discours, auquel on n'avait presque rien compris, tant il était lourd et amphigourique, mais parce qu'il y était fait mention de Georges que tout le monde aimait. Quand le magistrat, tout bouffi de joie, eut cessé de parler, on fit avancer Georges qui s'était perdu dans la foule. La dame d'Yvetot lui présenta la houlette d'honneur, et le roi accompagna ce don de l'accolade. Alors les applaudissements et les acclamations du peuple vinrent se mêler aux sons éclatants d'une musique analogue à la circonstance. Aloïse, à son tour, descendit du trône et vint attacher un ruban blanc à la houlette que venait de recevoir son amant, aussi glorieux dans cette journée qu'un chevalier vainqueur dans un tournois.

Dès ce moment l'ordre de la houlette fut institué dans le petit royaume, et devint l'objet de l'ambition des courtisans. Ce don royal fut avidement recherché; les demandes, les sollicitations plûrent au grand bailliage, et vinrent s'engloutir dans les cartons de M. le premier conseiller. Guidé par son sens droit, Jean Gautier pensait qu'une pareille récompense ne pouvait être que le prix du courage, des talents, ou des vertus, et non le hochet de la faveur et des protections : le petit roi se montra donc difficile, pour ne pas dire avare, dans cette circonstance, et par la suite se garda bien de prodiguer une pareille récompense, dans la seule crainte de la voir prostituée entre les mains de tout le monde.

Les tables, qui avaient été enlevées, furent rapportées après la cérémonie et de nouveau chargées avec une profusion digne de l'abondance qui régnait alors dans le pays, et lorsque chacun fut rassasié, on courut à un quart de lieue du bourg, sur un gazon, où le roi et sa famille et les notables vinrent s'établir. Dès cet instant les danses et les jeux com-

mencèrent et se prolongèrent toute la
soirée, dont l'obscurité fut en partie dis-
sipée par l'éclat d'une illumination qui
vint éblouir les Yvetotiens autant qu'elle
les étonna; car c'était la première fois
que ces bonnes gens sautaient à la clarté
réjouissante de mille verres de couleurs.

CHAPITRE XXV.

Inquiétude de O'Reilly. — Rencontre d'un vieillard. — L'écuyer trouve son maître. — Leur entretien. — Nouvelle inattendue. — Anxiétés de Georges. — Fin de la fête champêtre.

« Le prudent O'Reilly, qui ne cessait de veiller sur son jeune prince, comme autrefois le sage Mentor surveillait l'héritier d'Ithaque; toujours affublé de son déguisement, et la tête couverte d'un large chapeau de paille ; O'Reilly, dis-je, quand le soir fut venu, se rendit en hâte au bourg d'Yvetot. En y arrivant, il dirigea sur-le-champ ses pas vers la bergerie où il avait coutume d'entretenir le faux Georges ; mais il n'y trouva personne. Le village aussi bien que la ferme étaient déserts ; pas une ame dans les rues ; aucune clarté ne se faisait remarquer dans les maisons ; partout régnait le plus profond silence. L'écuyer ne savait à quelle cause attribuer sa surprise : il commençait à concevoir de vives inquiétudes, et allait se mettre en devoir de faire des recherches, lorsqu'un vieillard, appuyé sur son long bâton, vint à

passer près de lui. O'Reilly profita de
l'occasion pour s'informer de ce qui pouvait causer son étonnement et donner à
Yvetot, bien avant l'heure de la retraite,
un tel air de tristesse. Le bon homme, af-
faissé sous le poids des années, se redres-
sa le plus qu'il put au mot de tristesse
et se mit à sourire en regardant celui
qui le questionnait. « D'où donc sortez-
vous, beau sire? se mit-il à lui dire, et
qui a pu vous conter qu'à Yvetot on était
dans la tristesse?... Vous ne savez donc
pas ce qui s'y passe? Je pourrais vous en
instruire; mais au lieu de perdre votre
temps à m'écouter, hâtez-vous de gravir
ce monticule, et là, à droite, vous en-
tendez-bien, à droite? du côté de la ri-

vière, jetez les yeux et vous verrez, mon cher ami, si les heureux Yvetotiens sont dans la tristesse. » En achevant ces dernières paroles, le vieillard se recourbe par degré, s'appuie sur son bâton, et s'éloigne en fredonnant un refrain de circonstance qui respirait à la fois la naïveté et le plaisir.

O'Reilly suivit le conseil qu'on venait de lui donner : il dirigea aussitôt ses pas vers l'éminence indiquée, et, quand il y fut arrivé, sa surprise et ses inquiétudes se dissipèrent en apercevant deux mille personnes au moins dansant aux sons de bruyants instruments, et à la clarté d'une belle illumination. Aussi vite que le fidèle écuyer s'était empressé de monter le monticule, il s'empressa d'en descendre et courut même sur-le-champ au lieu de la fête, encore essouf-flé de sa course, chercha des yeux son jeune maître , qu'il rencontra auprès d'Aloïse et de son père. En passant près de lui il s'empara de sa main , la lui pressa trois fois, releva de côté le large bord de son chapeau, afin de se faire reconnaître. La présence de O'Reilly au milieu des habitants d'Yvetot réunis, et surtout au moment où il était bien loin de s'attendre à le voir, ne laissa pas de lui donner à penser. Inquiet et tant soit peu troublé , il se détacha d'auprès du roi, mais sans affectation , et tout doucement suivit son fidèle Mentor qui le tira à l'écart et lui parla en ces termes : « Prince, ce que j'avais prévu depuis long-temps arrive aujourd'hui : votre père, inquiet de notre trop longue absence, qui ne devait pas, selon ses ordres, dépasser une année, paraît avoir pris le parti de vous faire chercher. Voici enfin ce que je viens d'apprendre. Des gens de votre suite, en revenant du rivage voisin, ont aperçu, à la distance de deux milles, au plus, le pavillon écossais flottant sur les eaux de la Seine-Inférieure. Prince, il n'est plus possible de douter un seul moment de l'impatience de votre auguste père, et de son ressentiment contre moi à qui il vous avait confié ; il est même présumable qu'il aura découvert le lieu

de notre séjour; peut-être encore est-il
instruit du coupable motif qui vous re-
tient dans ce royaume. Je vous engage
donc, je vous supplie même de hâter
notre départ, de prévenir l'envoyé du
roi, et, par un prompt retour en Écosse,
de faire cesser le mécontentement de votre père contre votre personne, et ar-
rêter les effets de quelque malheur pour
moi. »

Ce discours de O'Reilly, et la nouvelle qu'il apportait, donnèrent à ré-
fléchir au jeune prince, qui sentait toute
la justesse des craintes de son fidèle confident; il avait même lieu de redouter
quelque disgrâce pour sa personne. D'un
autre côté, il voyait avec peine qu'il

4.   5

fallait se séparer enfin de ce qu'il avait
de plus cher; mais si dans ce moment la
prudence, d'une part, et l'amitié, de l'autre, lui conseillaient de quitter le séjour
d'Yvetot, son amour extrême pour
Aloïse et la douleur de l'abandonner lui
disaient de demeurer. Le sage O'Reilly,
qui, par faiblesse autant que par soumission, s'était prêté trop légèrement aux
désirs imprudents de celui sur qui il aurait dû exercer l'autorité qui lui avait
été donnée; O'Reilly, dis-je, lorsqu'il
songeait à sa condescendance pour le
prince, la traitait de pûre lâcheté, et
s'accusait des causes du retard de la ren-
trée du prince en Écosse. Plus d'une fois
même il lui fit part de ses craintes. Le

faux Georges fut obligé de le consoler
et de lui rappeler que son père faisait le
plus grand cas de sa sagesse et de ses
conseils; que, loin de lui marquer son
mécontentement, il sera le premier à ap-
prouver sa conduite dans cette circonstance. « Cependant, si mon espoir
était trompé, ajouta le prince, tu dois
croire que je prendrai ta défense et ferai
peser sur ma tête tout le poids de la colère paternelle. Mais tout me dit que ce
soin deviendra inutile. Tu sais combien
je suis cher à ce père, en la bonté duquel je me repose; unique fruit d'un
hymen fortuné, pourrait-il ne pas s'at-
tendrir à mon retour? et comment resis-
tera-t-il à mes caresses, aux marques de

respect que je lui prodiguerai? Prince indulgent pour ses sujets, pourra-t-il s'armer de sévérité pour un fils, la joie de ses vieux jours, l'espérance du trône, et la gloire de sa postérité? Tu connais, cher O'Reilly, mieux que personne la noblesse et la bonté de son cœur. Je consens à m'éloigner d'ici; mais je ne puis le faire sans en informer Aloïse. L'honneur m'ordonne de déchirer le voile qui jusqu'à présent l'a laissée, ainsi que sa famille, dans une ignorance complette sur mon rang et ma naissance. Je ne peux quitter la ferme d'Yvetot sans les détromper. La bonté du roi, les égards de la reine, l'amour si pur et si chaste de leur fille, commandent à ma reconnaissance cette dernière marque de déférence et d'attachement ; et quand bien même tant de raisons ne m'y forceraient pas, mon cœur m'y convie naturellement. »

O'Reilly parut ravi de trouver son prince dans des sentiments si délicats et si conformes à l'intention qu'il venait de lui manifester de repasser sur-le-champ dans leur patrie. Il le quitta après avoir obtenu l'ordre d'aller rassembler les gens de leur suite, de disposer les bagages de route, et de se tenir prêts à suivre l'envoyé de Robert Bruss, que le jeune prince désiroit voir et entretenir avant de quitter Yvetot, quoique O'Reilly se montrât d'un avis contraire, et combattît cette résolution. Mais le faux Georges ne se rendit point aux raisons de son écuyer; il était trop impatient d'avoir des nouvelles d'un père qu'il avait tant de sujet de chérir.

Lorsque l'amant d'Aloïse eut congédié son zélé confident, il se rendit auprès de Jean Gautier, qui venait de donner le signal de la retraite. Le bon petit roi s'était aperçu le premier que les musiciens, qui avaient bu copieusement, ne faisaient plus ronfler leurs bruyants instruments et que l'illumination d'ailleurs allait cesser, grâce au système d'économie du premier conseiller qui en mettait partout, hormis dans sa maison, que le luxe,

l'abondance et la somptuosité semblaient
avoir choisie pour leur résidence.

CHAPITRE XXVI.

L'envoyé extraordinaire à Yvetot. — Son arrivée au bailliage. — Moment d'embarras
du conseiller. — Les femmes arrangent tout.

Le soleil commençait à faire briller
l'émail des fleurs de la prairie, que les
joyeux habitants du petit royaume, fa-
tigués des plaisirs de la veille, étaient
encore livrés aux douceurs du sommeil.

5.

Ce fut au moment de ce silence général dans Yvetot, qu'un seigneur écossais, suivi de quelques valets, et accompagné de gardes, pénétra dans les états de Jean Gautier. En y mettant le pied, la première chose qui fixa ses regards fut l'enseigne d'un vaste cabaret, situé à la frontière, laquelle représentait l'image en pied du souverain du pays. Le costume villageois du monarque, les vers qu'on lisait avec étonnement au bas de cette enseigne, ne lui donnaient pas une haute idée de la cour où il allait séjourner. Accoutumé au faste, sa seigneurie se confondait en réflexions et en conjectures sur celui qu'il espérait rencontrer, et dont sa qualité d'envoyé extraordinaire lui faisait espérer qu'on l'environnerait. Deux heures lui suffirent pour parcourir à cheval l'étendue du royaume. Vainement il chercha le palais somptueux d'un souverain ; pas une forteresse, pas un corps-de-garde , pas même une seule sentinelle, n'avaient occupé ses yeux et arrêté sa marche. Partout de jolies petites maisons de bois , d'agréables chaumières; mais pas un monument, pas un temple digne de l'attention d'un voyageur. Ce noble courtisan de la cour d'Écosse en était encore à concevoir comment un si petit et si pauvre pays pouvait assez produire pour subvenir aux seules dépenses d'un roi , lorsqu'au détour d'un bouquet de bois d'Acacias il aperçut la nouvelle maison du bailliage. Cette fois il crut avoir découvert la demeure royale du prince d'Yvetot, et se dirigea de ce côté, après toutefois s'y être fait annoncer. Le chef des gardes s'avança seul jusqu'à la porte du bailliage, sonna trois fois d'un cor qu'il portait pendu à sa ceinture, et par trois fois aussi cria : « Gracieux roi d'Y-vetot, faites ouvrir à l'envoyé du roi d'Écosse. » M. le bailli, qui était déjà sur pied, et qui probablement travaillait à quelque système *ruineux* d'économie publique (car il est bon de faire remarquer que les gens à projets ne dorment guère plus que les ambitieux et les mé-chants), mit la tête à la fenêtre aussitôt qu'il entendit du bruit à la porte de sa maison. La vanité du magistrat fut singulièrement flattée qu'on le prît dans ce premier moment pour le roi ; il en eût volontiers joué le rôle ; mais, sentant bien que l'illusion ne pourrait durer long-temps de part et d'autre, il se contenta de celui que le hasard lui avait départi et resta prudemment le conseiller intime. Comme il fallait enfin répondre à un appel si obligeant, fait de la part d'un monarque, M. de Plat-en-Cour ôta gravement sa coiffe de nuit à fontange, et avançant méthodiquement son chef branlant et pelé, supplia l'envoyé et sa suite de prendre patience seulement un quart d'heure, et disparut pour aller éveiller sa noble moitié qui, par parenthèse, rêvait tout haut à l'ami de Paris. Remettant à un autre moment le soin de sa jalousie, il quitta la rêveuse et courut ordonner à Jacquot, son valet d'écurie, d'aller ouvrir les deux battants de la grande porte du bailliage et de faire entrer toutes les personnes qui attendaient dans la rue; de là, passant à son cabinet de toilette, il s'y couvrit la tête de sa plus grosse perruque, ensuite passa son meilleur habit et, les épaules garnies du manteau magistral, il descendit à la salle de réception dans laquelle le seigneur écossais s'impatientait en l'attendant. Enchanté de posséder chez lui M. l'ambassadeur d'un souverain du Nord, le bailli ne fut pas éco-

nome de courbettes; la raison en était que
cela ne coûte rien et fait d'ailleurs presque toujours autant de plaisir à celui qui
les prodigue qu'à celui qui les reçoit.

L'envoyé extraordinaire parut surpris
des manières si polies, pour ne pas dire
humbles d'un souverain ; car sa méprise
n'avait pas encore cessé ; il se croyait toujours devant sa majesté Jean Gautier, auprès de qui il lui avait été enjoint de se rendre sans nul retard ; il lui semblait aussi
que le roi qui lui parlait avec tant de
politesse et de déférence n'avait ni la
physionomie enjouée , ni le costume
du monarque que représentait l'enseigne du cabaretier de la frontière. Cependant, comme il n'ignorait pas qu'on se

fait un devoir de flatter les rois non-
seulement en paroles et en actions, mais
encore en peinture et en poésie , il pensait que celui d'Yvetot n'avait pas été
plus épargné qu'un autre, et que la vérité n'était pas la déesse qu'on encensait à
sa cour. M. de Plat-en-Cour, qui avait
composé tout en s'habillant un petit
discours de réception, après trente révérences bien conditionnées, c'est-à-dire
lorsque enfin l'épine dorsale lui fit mal,
prit la parole et commença par ces
mots : « Illustre seigneur, le roi d'Yvetot mon maître, dont j'ai l'honneur
d'être le premier conseiller...» Ces mots
furent un trait de lumière pour l'envoyé extraordinaire ; alors, sans laisser

continuer le bailli, il lui dit assez brusquement, et de mauvaise humeur, en
quittant le fauteuil qu'il occupait :

« Monsieur le premier conseiller aurait
bien pu me dire tout simplement, quand
il mit le nez à sa croisée, que je m'étais
mal adressé, que je n'étais point devant
le palais du roi son maître, et me donner un guide pour m'y conduire avec
ma suite. » Ce ton tranchant, que venait
de prendre l'étranger, déconcerta un
peu le harangueur, qui esseya quelques
mots d'excuse ; mais le noble Écossais,
lui tournant le visage, allait se retirer
lorsque madame de Plat-en-Cour, parée
comme la châsse de l'ermitage, arriva et
vint saluer l'envoyé. Sa présence donna

le temps à son cher époux de se remet-
tre, et par des paroles flatteuses, qui sont
presque toujours bien reçues venant de
la bouche d'une femme, dissipa l'impatience qu'on remarquait dans les yeux
et dans les gestes de l'Écossais. Vieux
soldat accoutumé à battre les ennemis
de son roi, M. l'ambassadeur n'était cependant pas de ces guerriers austères et
farouches, ennemis des plaisirs de la société; c'était un lion au champ de bataille, mais la vue d'un cotillon de pru-
nelle et de beaux yeux le rendait doux
et courtois. Madame de Plat-en-Cour fit in-
térieurement hommage à ses charmes tant
soit peu surannés, du changement de ton
et de manières du noble étranger qui,

s'étant replacé dans son fauteuil, subit
près d'une demi heure le radotage de
la bonne dame, qui finit par lui offrir
obligeamment le meilleur appartement
de la maison du bailliage, les salles basses pour sa suite, et ses écuries pour ses
chevaux. Un peu plus satisfait de la
femme que du mari, l'Écossais se leva,
salua poliment le couple prétentieux et
quitta le bailliage où il laissa ses gens et
ses gardes. M. le bailli, qui se mettait
toujours en avant, ne voulut pas qu'aucune autre personne que lui guidât
chez le roi M. l'ambassadeur, et tous
deux, devenus un peu meilleurs amis,
ils arrivèrent à la ferme royale, où leurs
majestés dormaient encore.

CHAPITRE XXVII.

L'envoyé à la ferme royale. — Menaces faites
au roi d'Yvetot. — Son étonnement. — Son
entretien avec l'envoyé. — Bons et nobles
sentiments du petit monarque.

Selon sa coutume, sa majesté Jean Gautier était le premier levé dans son champêtre manoir. Pendant que chacun y reposait et se délassait au lit des fatigues de la
fête, il visitait ses écuries, ses étables,

ses bergeries et ses celliers; il avait
même trouvé le temps de disposer quelques éperviers qu'il comptait mettre à
l'eau dans la matinée. On n'a pas oublié,
sans doute, que le plus grand plaisir du
monarque d'Yvetot, après celui si doux
de faire du bien, était la pêche, à laquelle
il était fort heureux et fort adroit. Jean
Gautier cédait sans jalousie aux rois, ses
cousins, les agréments bruyants de la
chasse, qui étaient plutôt pour eux une
véritable corvée d'apparat, qu'un dé-
lassement utile à leur santé. Seul dans
son bateau, sans armoiries, mais pourvu
d'une bonne voile et de rames éprou-
vées, le petit souverain parcourait le
rivage, et, sans se fatiguer, prenait le

poisson que le soir il mangeait en famille.

Aussitôt que sa majesté entendit le tintement de la clochette de sa ferme, elle courut ouvrir. Ce fut alors que M. l'ambassadeur reconnut l'original qui avait servi au peintre fidèle de l'enseigne en question. M. de Plat-en-Cour, qui s'était emparé du poste de maître des cérémonies de la cour, servit d'introducteur et, par la même occasion, d'interprète à l'envoyé, qui entendait et parlait fort mal le bas-normand. Jean Gautier apprit, à son grand étonnement, et en termes assez durs, que le roi d'Écosse était informé qu'à la cour d'Yvetot on avait donné asile à son fils, que depuis six mois il

attendait ; qu'il avait envoyé des ambas-
sadeurs dans toutes les cours où ce fils
avait dû séjourner, et qu'à son grand
déplaisir il avait enfin appris par un message, dont l'écriture et le seing lui étaient
inconnus, que l'héritier de sa couronne,
sous les habits et le nom d'un pasteur de
troupeaux, habitait dans une des fermes
du pays ; qu'il ignorait le motif d'une
telle conduite de la part de son fils, et
qu'il engageait le souverain d'Yvetot
d'éloigner au plus tôt de sa cour le jeune
prince, et de lui ordonner de quitter à
l'instant même ses états ; que dans le cas
où son envoyé éprouverait un refus, de
déclarer en son nom la guerre aux Yvetotiens et de menacer leur chef d'une

descente, d'une invasion dans son royaume, qui serait mis à feu et à sang.

Pendant que M. le bailli répétait le
discours de l'envoyé, le bon et pacifique
roi d'Yvetot ouvrait de grands yeux et
cherchait dans sa mémoire à qui il avait
donné asile. Il était si troublé, que son
protégé Georges ne lui vint pas à l'idée;
l'habitude qu'il avait de le voir, le lui
faisait considérer comme un autre de ses
sujets. Cependant les menaces qu'on venait de lui faire, d'apporter la guerre
dans son royaume et d'y tout ravager, le
tirèrent de sa première surprise.

« Je ne sais, répondit-il à l'ambassadeur écossais, en replaçant son bonnet
sur son oreille, ce que me demande le

roi, votre maître; jamais je n'ai reçu de prince dans ma ferme, à moins que ma femme... Je vais de ce pas la trouver, peut-être pourra-t-elle éclaircir la chose mieux que moi, et si vous n'avez pas déjeuné, l'occasion est belle, je vais me mettre à table. Sans façon, venez avec M. le bailli; en cassant une croûte et vidant le fin pot de cidre nous parviendrons, je l'espère, à nous entendre et à nous quitter bons amis. »

Toute peu somptueuse que soit la table d'un souverain, un courtisan qui sait faire sa cour ne refuse guère. Aussi l'envoyé suivit-il le petit monarque dans l'intérieur de la ferme, où dame Baboline et Aloise, aidées d'une grosse servante, s'occupaient du repas royal. Mais comme dame Baboline s'était levée plus tard que de coutume, rien encore n'était prêt. Le roi invita M. l'envoyé à faire un tour de jardin avec lui, ce qu'il accepta avec empressement. M. de Plat-en-Cour fut admis à cette promenade, et bientôt s'établit le dialogue suivant entre le monarque champêtre et M. l'ambassadeur, auquel le conseiller intime servit encore d'interprète.

L'AMBASSADEUR.

Sire, votre état nous a paru un des plus beaux coins de l'Europe.

LE ROI D'YVETOT.

Mais, monsieur l'ambassadeur, on le

4.   6.

dit ; car, par moi-même, il me serait impossible d'en juger, attendu que je n'ai jamais quitté le toit qui m'a vu naître.

L'AMBASSADEUR.

Veuillez me dire par quelle révolution votre royaume est-il circonscrit au point de...

LE ROI D'YVETOT.

Il n'a jamais été plus étendu.

L'AMBASSADEUR.

Je pensais que la guerre...

LE ROI D'YVETOT.

La guerre ! De mémoire d'homme, aucun souverain d'Yvetot ne l'a entre-

prise ni soutenue contre personne. Dans
ce royaume on ignore absolument l'art
dangereux des combats, et je dois vous
dire que la puissance du roi de ce pays
est si peu redoutable, qu'elle n'a jamais
porté envie à nos voisins.

L'AMBASSADEUR.

Aussi votre majesté est sans armée?

LE ROI D'YVETOT.

A quoi bon? et pourquoi en aurais-je
une? Je ne compte que des amis; je suis
sans soldats, sans arsenal, sans bannière,
sans canons; je n'ai ni forts, ni citadelles,
comme vous avez pu vous en aperce-
voir. Nous ne faisons la guerre qu'aux

loups, lorsque par hasard ils viennent fondre sur nos troupeaux.

L'AMBASSADEUR.

De ce côté, le roi, mon maître, est loin de jouir du même bonheur. Les Anglais, qu'il a toujours battus, mais qu'il ne peut contenir, l'accablent sans cesse du poids de leur politique tortueuse et perfide, beaucoup plus à craindre que leurs forces.

LE ROI D'YVETOT.

Je le plains de toute mon ame.

L'AMBASSADEUR.

Ils cherchent à lui enlever la cou-

ronne que lui ont acquis ses vertus, ses
talents et son courage.

LE ROI D'YVETOT.

Il la conservera, M. l'ambassadeur ;
il la conservera malgré les Anglais !
Croyez-moi, la couronne d'un monarque est toujours solide quand le mérite
et les vertus la soutiennent.

L'AMBASSADEUR.

J'ignore où l'on trouverait plus d'héroïsme que dans l'ame de notre souverain et même un prince qui lui ressem-
blât. Prudent, sage, modeste, Robert
Bruss est encore un modèle de justice,
de piété et de modération. En paroles,
comme en action, jamais il ne lui échappe

rien qui ne soit digne d'un monarque.
Il pousse l'amour du bien jusqu'à pardonner à ceux qui le calomnient ou qui
désertent sa cause, et, par cette noble
conduite, force à l'admiration ses ennemis les plus acharnés.

LE ROI D'YVETOT.

Par mon patron! votre roi est un
brave et digne homme; vous me donnez
envie de le connaître.

L'AMBASSADEUR.

Sire, permettez-moi une question...

LE ROI D'YVETOT.

Je vous écoute.

L'AMBASSADEUR.

Vous m'avez dit, je crois, que vous étiez sans gardes.

LE ROI D'YVETOT.

Rien n'est plus vrai. Demandez à notre cher bailli : je vais partout seul à pied, à cheval, de jour, de nuit, sans la plus légère crainte pour ma personne. Enfin, pour toute sûreté, je me fais escorter de mon bon chien fidèle, que vous voyez là-bas, dormant au soleil.

L'AMBASSADEUR.

Mais que peut la force d'un tel animal contre les ambitieux, les traîtres ? car il y en a partout.

6.

LE ROI D'YVETOT.

Mon royaume fait exception à la règle.

L'AMBASSADEUR.

Ne peut-on pas conspirer?...

LE ROI D'YVETOT.

Dans notre pays, lorsque cela arrive, c'est toujours pour mon plaisir.

L'AMBASSADEUR.

Ah! sire, que de souverains voudraient jouir de la sécurité où je vous trouve!

LE ROI D'YVETOT.

Qui sait si ce n'est pas un peu leur

propre faute? Ils voient peut-être des
conspirateurs où il n'y a que des sujets
qui demandent justice contre quelques
intrigants soutenus, et qui réclament
avec courage l'observance des lois et le
maintien de leurs droits lésés. J'en sais
qui font la guerre pour la gloire et par
spéculation; j'ai ouï dire qu'il y en avait
d'autres qui ne voyaient leurs sujets
qu'en passant. Moi je fais tout différemment que cela : satisfait de l'étendue de mon état, je ne cherche pas à
l'agrandir en devenant injuste et barbare. Content de l'estime que me portent
les habitants d'Yvetot, j'y réponds par
quelques actes de bienfaisance et d'amitié, et je me plais à vivre au milieu

d'eux. Quand paraît l'aurore, je quitte ma ferme, je me rends dans la chaumière du pauvre, dans le champ du riche; je console l'un, j'encourage l'autre. Si les récoltes sont mauvaises, j'ouvre mes granges à tous ceux qui éprouvent des besoins. Quant à la gloire que recherchent avec tant d'activité les princes, mes pareils, je la trouve ici sans m'en occuper. Le bonheur de mes sujets, le pouvoir de pardonner, et la justice sans partialité que j'excrce, en font le principe et le fondement, et cette gloire là, ne vous en déplaise, vaut tout autant, si elle ne vaut pas mieux, que celle achetée aux dépens de la conscience ou du sang des soldats.

Ce dialogue se serait prolongé, mais Aloïse vint interrompre, en prévenant son père que le déjeuner était servi. On courut se mettre à table. M. l'ambassadeur se montra on ne peut plus aimable pendant le repas envers la reine et sa charmante fille. Le chevalier Galantin, qui était présent, en conçut un peu d'humeur ; mais en homme qui connaît les convenances, et surtout en amant débonnaire, il déguisa son dépit sous un air de gaieté, et le repas fut des plus agréables. Lorsqu'on eut levé la table, le noble Écossais, enchanté du petit souverain d'Yvetot, retourna au bailliage où sa suite l'attendait pour recevoir ses ordres.

L'arrivée d'un ambassadeur à Yvetot
avait été provoquée par la prudence du
sage écuyer. O'Reilly, ne pouvant déterminer son maître à se rendre dans sa patrie, s'était déterminé à dépêcher un
courrier au roi d'Écosse, et, dans sa lettre
à ce monarque, avait eu la précaution de
demander que le secret lui fût soigneu-
sement gardé. C'était par suite de cette
mesure que l'ambassadeur avait été ex-
pédié pour le royaume d'Yvetot. La présence de ce personnage était la nouvelle
du jour; tout le monde en parlait comme
d'un événement extraordinaire dans les
fastes du petit état. Les plus curieux s'é-
taient rendus devant la maison de M. de
Plat-en-Cour, et là, le col tendu, la bou-

che béante, les yeux fixes, et sur la pointe de leurs sabots, cherchaient à plonger leurs regards dans l'intérieur du bâtiment. Le costume agreste des soldats écossais, les riches vêtements de l'envoyé et des autres officiers, avaient bien de quoi piquer la curiosité de quelques paysans qui n'avaient jamais rien vu de plus beau que l'habit des dimanches de leur souverain, et le clocher gothique de la chapelle de leur village.

CHAPITRE XXVIII.

Joie de la reine Baboline. — Georges reconnu prince écossais. — Dernière entrevue des amants. — Courage d'Aloïse. — Le portrait de M. le conseiller.

On ne saurait rendre que très-imparfaitement l'extrême joie de dame Baboline, lorsqu'elle eut connaissance du bruit qui se répandait et qu'elle eu vu le grand personnage dont chacun soccupait en débitant les motifs de sa venue dans le royaume: mais personne ne pouvait dire quelle habitation recélait le prince qu'on venait réclamer. Dame Baboline et Aloïse furent plus adroites; leurs premières pensées s'arrêtèrent naturellement sur le berger Georges. En effet, aucun étranger que lui n'habitait Yvetot. Quelques parties des vêtements qu'il portait, lorsqu'il vint à la ferme demander l'hospitalité et du travail, se disant Anglais, avaient une parfaite ressemblance avec ceux des gens de l'ambassadeur écossais : tout leur donnait donc à penser que celui qu'on venait chercher dans le royaume n'était autre que le berger Georges, qui, à la faveur de ce faux nom et de son adresse, était parvenu à

se faire aimer de la fille de Jean Gautier
qu'il adorait. Dame Baboline, qui estimait
beaucoup Georges, et qui se plaisait à
le considérer comme un honnête garçon, bien qu'elle se fût toujours opposée
à son mariage avec Aloïse, était ravie de
la découverte qu'elle venait de faire. Il
était clair et reconnu dans son esprit que
le berger Georges était le fils d'un roi, et
d'un très-grand roi. Plus rien, par conséquent, ne s'opposait à l'union projetée
des amants, et retardée tant de fois, puisque le rang élevée du faux Georges, enfin reconnu, mettait d'accord la vanité
ambitieuse de Baboline avec l'amour de
sa fille. Déjà la bonne dame d'Yvetot ne
contenait plus son impatience. Il n'en

était pas de même d'Aloïse : cette tendre amante voyait naître autant de difficultés que sa bonne mère trouvait les choses faciles à terminer. La bergère sentait que celui qu'elle avait aimé comme un simple berger, fils d'un prince puissant, ne pouvait raisonnablement lui donner la main. Elle se proposait même d'adresser, à celui que son cœur ne pouvait encore nommer que son cher Georges, des reproches pour l'avoir trompée, pour avoir si long-temps prolongé son erreur ; mais en réfléchissant qu'elle allait se séparer du trompeur adoré, les beaux yeux d'Aloïse se remplirent de larmes, et des soupirs mal étouffés firent connaître l'état violent de son ame.

Mieux que personne, à Yvetot, le faux Georges savait tout ce qui se passait : il avait été trouver M. l'ambassadeur, qui lui avait transmis les ordres de son auguste père, auxquels il s'était soumis sans murmurer ; avait même arrêté avec lui le jour de son départ du petit état. Ce devoir rempli, Georges courut à la ferme royale avec l'intention d'y rencontrer sa chère Aloïse, de lui annoncer son départ précipité pour l'Écosse, et faire tout ce qui serait en son pouvoir pour la consoler de leur brusque séparation, l'assurer de sa constance, et lui promettre un prochain retour à Yvetot. Le faux berger trouva sa maîtresse désespérée et baignée de pleurs. En le voyant entrer, Aloïse essaya de lui faire quelques reproches qu'elle croyait fondés; mais elle n'en eut pas la force, la parole lui expira sur les lèvres, sa tendresse était plus grande que son courroux.

« Belle Aloïse, lui dit le prince en tombant à ses genoux, je sens combien je suis coupable d'avoir abusé de votre confiance, en vous cachant mon nom, ma naissance et mon rang. Les reproches que votre charmante bouche pourrait m'adresser avec quelque raison ne sauraient me pénétrer d'un plus vif repentir que celui que j'éprouve en ce moment. Adorable Aloïse, me laisserez-vous quitter ces lieux sans me pardonner, sans m'assurer que je serai toujours aimé de

vous; que le pauvre berger Georges, aujourd'hui reconnu prince, ne perdra
rien de votre tendresse, que rien dans le
monde ne saurait remplacer? Ah! croyez
que loin de vous son cœur ne changera
pas. Confiant dans l'extrême bonté d'un
père qu'il chérit et qu'il honore, en le
revoyant, la première chose, la seule
grâce qu'il s'empressera de lui demander, après lui avoir rendu les respects et
les hommages qu'il lui doit, sera, n'en
doutez point, la permission de recevoir
votre main. Aloïse, jamais aucun prince
de mon pays n'a manqué à sa parole;
vous pouvez donc compter que je ne tra-
hirai pas la mienne. Et loin de nous li-
vrer l'un et l'autre aux larmes et au dés-

espoir, prions ensemble le ciel qu'il daigne hâter mon retour à Yvetot où, pour la première fois, mon cœur palpita pour vous, ressentit les douces impressions d'un amour aussi chaste que pur et qui ne doit finir qu'avec ma vie. » Ces paroles prononcées avec sentiment, et dans lesquelles se peignaient les craintes et les transports d'une ame sincèrement éprise, ces paroles, dis-je, produisirent sur la bergère l'heureux effet que le jeune prince en espérait. Elles suspendirent même les pleurs et les soupirs d'Aloïse ; le calme et la confiance furent rendus à son cœur justement alarmé. Cependant, bien loin d'engager son amant à demeurer à Yvetot, et traiter de tyrannie l'ordre cruel de son père, la bergère, après un moment de silence et de recueillement, s'empara de la main du prince, et lui dit avec cette fermeté rare qu'on peut regarder comme l'héroïsme de l'amour.

« Prince, Aloïse encore simple bergère vous donna sa foi; vous le savez, aucun motif d'ambition ne la dirigea dans le choix libre de son cœur; aucun autre sentiment que celui de l'amour n'excita ses transports, qu'elle n'a cessé de vous montrer. En ce jour, la volonté d'un père tendre commande votre éloignement: la première, je m'y résigne, et je souscris à cet ordre auguste que rien ne peut empêcher. Partez donc, prince, partez; allez auprès de ce père généreux solliciter notre union, comme vous venez de mele promettre. Je vous en fais serment, le temps de votre absence ne sera rempli que de vous, de nos amours; aucuns pleurs, aucun soupir, aucune plainte, ne sortiront de mon sein; je vivrai pour mon ami, pour celui qui doit revenir bientôt me donner, au pied des autels, sa foi et le titre d'époux. » Le prince, pénétré d'admiration, et délirant d'amour, tomba de nouveau aux pieds de la bergère, et lui jura une seconde fois de l'aimer toute sa vie, de presser son retour, et de mourir s'il fallait qu'il ne pût obtenir du roi son père le consentement indispensable pour devenir son époux.

Nous sommes encore obligé de revenir à M. le conseiller, que nous avons laissé faisant les honneurs à l'envoyé d'Écosse logé dans sa maison, soins qui ne l'empêchèrent pas de donner cours à sa vanité ambitieuse. L'innovation n'était pas le seul travers du bailli, comme on va le voir. Le besoin de se faire une réputation européenne le dominait et réglait ses actions, et depuis long-temps déjà le candide magistrat rêvait l'immortalité. Peu satisfait d'être bien connu, peut-être même un peu trop de ses contemporains, afin d'étendre encore sa renommée et porter son nom jusqu'à l'étranger, l'occasion lui paraissant favorable, il imagina de faire graver sa longue et plate figure, dont chaque trait

4.   7.

était le signe caractéristique de la sottise, du non sens, de la bassesse ou de
la nullité. A cet effet, il fit venir secrètement de la capitale de la Normandie,
où les arts commençaient à prospérer, un
graveur au burin élégant, auquel il con-
fia son image en pied, au bas de laquelle devaient se lire en toutes lettres
les noms ronflants et les titres pompeux
du héros.

Ce ne fut pas une petite affaire pour
l'artiste que celle d'arriver à contenter
le magistrat vaniteux qui le chicanait
sur la longueur des oreilles, selon lui
exagérées, quoique le graveur habile
l'assurât, sur son honneur, qu'il copiait
es modèles avec une scrupuleuse fidé-

lité : ce qui n'empêcha pas que les oreilles ne fussent racourcies et faites avec une
honnête dimension. M. de Plat-en-Cour,
enchaînant toujours le génie et le talent
de son copiste, renommé pour l'imita-
tion parfaite, voulut encore que la bouche, qu'il avait grande, fût diminuée de
moitié au moins, attendu que, telle qu'il
la désirait, elle était encore d'une assez
jolie petite forme. Le nez du bailli, auquel le graveur avait donné son véritable volume, devint à son tour un objet
de réclamations pressantes : on trouvait
que sa longueur était démesurée et hors
de toute proportion reconnue. Cependant le magistrat ne voulait pas qu'on
lui fît un nez camard; il prétendait

qu'un juste milieu entre le grand et le petit nez devait être observé; et l'artiste, peu flatteur de son naturel, de crier à la sottise et de céder la tâche à qui voudrait l'achever

« Monsieur, est-ce ma faute, après tout, lui dit-il un matin, si vous avez un nez si long? Je conviens que sa dimension peut prêter à la raillerie, aux colibets, et faire naître de singulières réflexions; mais ce n'est pas mon affaire ni ce qui doit m'occuper. Appelé pour graver un portrait, je dois le faire avec conscience et lui donner la ressemblance; car c'est la première condition qu'on exige; c'est le cachet du génie; c'est enfin ce qui justifie la réputation

dont je jouis. Je n'ai, parbleu! pas envie
de la perdre pour avoir eu la complaisance de faire un nez plus court à M. le
conseiller. Quant à la bouche, j'y tiens
un peu moins; comme elle est une des
parties mobiles de la figure, un jeu de
muscles, je crains peu la critique toujours prête à mordre; mais puisque le
nez original est long, ce qui n'est pas
toujours sans mérite aux yeux du sexe,
il restera ce qu'il est, ou je retourne à
Rouen. »

L'humeur que venait de montrer l'artiste avait un peu tempéré le désir de
M. de Plat-en-Cour d'être gravé tout
autre que ce qu'il était et avait ralenti
le cours de ses prétentions sur les em-

bellissements de son image; mais ne tenant pas long-temps la promesse qu'il avait faite de laisser l'artiste travailler selon la vérité, il revint à la charge à quelques jours de là. Le dessin de sa tête était terminé; ses oreilles longues étaient devenues moyennes; ses yeux caves, un peu plus saillants; la bouche avait subi le rétrécissement demandé, le nez seul étant resté dans son invariable dimension: il n'y avait donc plus à revenir sur cette importante partie du portrait commandé. Le bailli se jeta alors sur les bras, qu'on lui avait faits, prétendait-il, trop courts et dans une position peu noble. L'artiste se récria de nouveau. Le magistrat prétendit qu'il avait

le bras long et qu'il voulait que toute
l'Europe vît et sût à n'en pas douter qu'il
avait le *bras long*. Le peintre-graveur,
tout en haussant les épaules et riant de
pitié, alongea les deux bras, ce qui le
réconcilia avec M. de Plat-en-Cour qui,
par reconnaissance, l'invita ce jour-là
à dîner avec lui; mais le lendemain,
venant à contempler de la tête aux pieds
son portrait presque terminé, il crut remarquer que sa taille était petite, grêle
et mal facée: ce fut le sujet d'une nouvelle contestation. Avant de se rendre,
l'artiste examina long-temps afin de
s'assurer si l'observation de son original
était recevable. Après avoir comparé de
droite à gauche et de gauche à droite,

7.

mesuré les proportions et passé en re-
vue les accessoires obligés, il déclara
au conseiller, qui commençait à lui
faire perdre patience, que la taille qu'il
lui avait faite était bien la sienne.

« Je sais, monsieur, lui dit cet honnête
homme, qu'une taille élevée est toujours
plus noble et plus avantageuse sous tous
les rapports, puisqu'à mérite égal on
donne toujours la préférence à celui dont
le physique sera toujours le plus impo-
sant; mais vous êtes petit, ce qu'on
peut appeler petit; je ne pouvais donc
vous faire passer pour un grand homme
sans blesser le bon sens. Au surplus,
le mérite, qui ne peut se mesurer à la
coudée, ne tient pas chez un homme à

quelques pouces de plus ou de moins;
il n'y a que les sots qui se pavanent des
avantages qu'ils tiennent de la nature.
La taille, le charme si puissant de la voix,
de même que la beauté, sont souvent
de trop funestes présents, s'il faut que
celui qui les possède ne sache pas les
faire valoir par de l'esprit, du sens et
des talents. Ce serait de ma part une
faute et même une raillerie amère
de ne pas vous représenter dans mon
dessin tel que vous êtes? Je vous dé-
clare donc que je suis résolu de ne
plus rien changer à votre portrait, et
que j'aimerais beaucoup mieux le mettre en pièces, si vous m'y forciez jamais. »

M. de Plat-en-Cour, qui n'était pas

tout-à-fait de l'avis de son graveur, et
qui tremblait d'ailleurs de perdre les
poses qu'il avait accordées, se hâta de
se rendre aux raisons qu'on lui donnait;
et, pour convaincre l'artiste qu'il était
fort satisfait de son travail, lui en paya
le prix en bonnes espèces, y ajouta
même, avec quelques politesses un peu
forcées, une petite gratification, afin de
lui faire tout-à-fait oublier les tracas-
series qu'il lui avait causées, après quoi
le graveur retourna dans son pays, d'où,
un mois après, il envoya à Yvetot le
cuivre propagateur et cent cinquante
exemplaires du fameux portrait qui, le
jour même, fut distribué dans le royaume
et par conséquent livré à l'admiration

des curieux, à la risée des envieux et
à la satire des mécontents. C'est ainsi
que la société rit toujours d'un fat: le
sage quelquefois le plaint; mais presque toujours les sots se font un devoir
de l'admirer.

Jean Gautier ne fut pas le dernier informé de la publication de l'image de
son premier conseiller. Cet acte de vanité donna même un peu d'humeur au
petit monarque. Cependant, après avoir
laissé éclater son mécontentement, il eut
le bon esprit de faire comme tout le
monde, c'est-à-dire de rire de la ridicule prétention de M. de Plat-en-Cour,
et, pour s'égayer aux dépens du vaniteux
bailli, il fit acheter sous mains une tren-

taine d'exemplaires de la fastueuse image qui, de siècle en siècle, devait transmettre les traits grotesques du sot magistrat, et conserver le souvenir de son administration lumineuse, et le même soir les exemplaires furent placardés à tous les coins des rues, places, carrefours et marché d'Yvetot, avec des couplets dont s'était chargé M. le tabellion, qui, pour ne pas être reconnu et turlupiner tout à son aise le bailli, s'était adroitement composé trois ou quatre sortes d'écritures. Ce fut alors que M. de Plat-en-Cour vit toute l'étendue de son inconséquence. Pour en prévenir les suites, il se rendit sur-le-champ auprès du roi, avec l'intention d'arranger ce qu'il appelait un enfantillage ; mais

aussitôt que Jean Gautier le vit entrer
dans sa ferme, sans daigner écouter ses
basses flatteries et subir ses salutations,
il lui tourna le dos et s'éloigna, en lui
disant avec un rire sardonique: «Adieu,
bailli, adieu; je vais faire commencer
mon portrait.» Dès ce moment M. le conseiller vit bien qu'il était en disgrâce et
que sa vanité venait de lui faire faire une
fausse démarche et peut-être compro-
mettre la faveur dont il jouissait. Hon-
teux de la réception qu'il venait d'es-
suyer, il quitta la ferme avec la résolution
de briser la planche de son portrait, et
fit à grands frais et en toute hâte tout ce
qu'il fallait pour retirer et supprimer
les exemplaires distribués. Mais le coup

était porté. M. de Plat-en-Cour, voué à la risée publique, et fort mal placé dans l'esprit du souverain, prévoyait déjà la chute dont il serait accablé un jour; il savait qu'elle serait lourde et terrible. Adroit et rusé courtisan, il se mit en mesure de la prévenir ou de la retarder. Cependant, pour adoucir l'amertume de ses chagrins cachés, le bailli se disait modestement: « Les grands hommes, dans leur chute, font comme les boulets tirés à ricochet; ils ne font qu'effleurer la terre, se relèvent incessamment, et n'en vont que plus rapidement à leur point de destination. Rien n'est donc désespéré pour mon crédit: laissons dire les envieux, les méchants et les oisifs, et contentons-nous d'attendre les événements. »

CHAPITRE XXIX.

Dernière entrevue du prince d'Écosse et du roi d'Yvetot. — Séparation des amants. — Nouvelle espérance du chevalier Galantin.

Le jour suivant, tout étant disposé pour le départ du fils du roi d'Écosse, le jeune prince, vêtu de riches habits où l'or et les pierreries brillaient de toutes part, se rendit à la ferme, suivi de l'ambassadeur, de son fidèle O'Reilly, des officiers de la cour de son père ainsi que de ses gardes; en y arrivant il courut au-devant de Jean Gautier, qui lui fit compliment de sa bonne mine.

« Sire, lui dit le faux Georges en lui serrant la main avec transport, le fils du célèbre Robert Bruss n'oubliera jamais ce que vous avez fait pour lui; il vous le prouvera en revenant aussitôt qu'il le pourra solliciter de votre royale bonté la main de votre adorable fille. »

Jean Gautier, vivement ému, embrassa son cher Georges, que, dans la première effusion de son cœur, il n'avait encore pu qualifier du nom de prince. Des larmes brûlantes tombaient sur les

joues rosées du bon roi d'Yvetot. Cette
entrevue était pour les témoins de cette
scène les adieux d'un père tendre et d'un
fils plein d'amour et de respect. Ce premier moment passé, Jean Gautier fit appeler sa femme et sa fille, qui vinrent
aussitôt. En revoyant sa chère Aloïse, le
prince sentit tout-à-coup fléchir son courage ; il baissa timidement les yeux ; ses
genoux faiblissent et le portent aux pieds
de la bergère, qui, de son côté, ressent
la plus vive émotion. Soutenue par l'espérance d'un bonheur prochain, Aloïse
fait relever son amant, lui rend son courage, lui rappelle sa promesse de la veille,
et ses larmes d'amour se vont mêler aux
pleurs de son ami, dont les bras enlacés

autour de sa taille la tiennent pressée sur son cœur qui respire à peine. Quels transports plus doux ! quel sentiment plus vrai ! quel silence plus éloquent ! On les sent, on ne pourrait que faiblément les décrire.

O'Reilly, l'honnête O'Reilly, toujours attentif à ses devoirs, se rapproche de son jeune maître, l'arrache des bras d'Aloïse. « Partons, lui crie-t-il en l'entraînant ; prince, votre père l'ordonne.

—Va, mon enfant, va ; obéis ; aime toujours notre Aloïse, lui dit à son tour le bon roi, en faisant signe à dame Baboline d'emmener sa fille ; retourne dans ton pays, embrasse tendrement ton père pour nous ; dis-lui bien que je l'aime comme un frère; que j'ai appris avec joie qu'il était le protecteur et le père de ses sujets; mais reviens promptement. Mon fils, nous te conserverons notre Aloïse; aucun autre que toi n'obtiendra sa main du consentement du roi d'Yvetot. »

Ainsi se termina la séparation du jeune prince et de la bergère, qui avaient perdu l'un et l'autre l'ignorance de l'amour, mais qui, jusque-là, en avaient conservé la précieuse innocence.

L'éloignement du faux Georges ranima un peu l'espoir du preux de François Ier, qui commençait à s'évanouir. Chaque jour le bon chevalier Galantin avait vu les choses tourner à son désavantage et consolider les amours des deux amants. Il venait d'être le témoin de leur douloureuse séparation; il n'ignorait pas la promesse qu'ils s'étaient faite, mais il savait aussi que sur cent pareils serments d'amour, à peine si deux sont tenus. La séparation qui venait d'avoir lieu plaçait donc le chevalier tout différemment auprès de la fille du roi d'Yvetot; et, comme il comptait encore plus sur le temps et les circonstances que sur son propre mérite, il redoubla de soins et d'attentions auprès de la jolie bergère, et de galanterie envers dame Baboline, qui n'espérait guère dans le retour du prince écossais, et ne déguisait point son sentiment à cet égard; elle

commençait même à trouver le chevalier un peu moins ridicule et un parti
assez sortable pour Aloïse, à laquelle elle
cherchait souvent à faire comprendre
qu'un mariage qu'on peut faire sur-le-
champ, et qui n'est pas sans avantage du
côté de la naissance et du rang du pré-
tendant, est mille fois préférable à une
union qu'on ne voit qu'en perspective.
Mais elle avait beau répéter chaque jour
le thême qu'elle s'était forgé là-dessus,
Aloïse n'était pas de l'avis de sa mère, et
ne souffrait qu'avec répugnance les hommages que lui rendait le chevalier, qui
ne cessait de l'accabler de ses assiduités,
et qui, pour gagner la route de son cœur,
affectait de lui parler du cher objet de

sa douleur ; lui vantait ses vertus, son courage, mais avait grand soin de ne lui laisser entrevoir que fort peu d'espoir sur son retour, et finissait presque toujours ses longs entretiens par s'offrir en réparation, disait-il, du faux serment que le prince avait fait, ou des obstacles que le roi son père pourrait probablement apporter à un hymen qui, du côté de la fortune et du rang, ne lui paraîtrait point sortable. Livrée à sa mélancolie, la sensible Aloïse laissait radoter le preux de François Ier, bien résolue de ne jamais, quoi qu'il arrive, le prendre pour époux.

CHAPITRE XXX.

Couronnement du roi. — Triomphe du tabellion. — Fuite du page Isoard. — Conclusion.

Cependant une année entière s'était
écoulée depuis l'avénement de Jean Gautier au trône d'Yvetot ; c'était ordinairement dans ce pays l'usage de couronner
le souverain reconnu. Le premier conseiller crut donc devoir s'en occuper

sans nul retard. En peu de jours, tout
fut disposé pour cette auguste et champêtre cérémonie. Je dis champêtre, car,
au royaume d'Yvetot, rien ne se faisait à
cette occasion comme dans les autres
pays du monde civilisé, où les frais d'un
sacre sont si considérables et si onéreux,
qu'après avoir épuisé les coffres de l'é-
tat, on a ordinairement recours aux cais-
ses des particuliers; on fait payer au peuple les réjouissances dont on l'a rassasié
pendant dix ou quinze jours de suite.
A Yvetot, point de clergé défrayé; point
de nombreux et riches équipages pour
voiturer une nuée de courtisans encore
tout courbés des révérences qu'ils ont
prodiguées au roi qui n'est plus; point

de salves d'artillerie; point de soldats sur
pied et à cheval pour contenir la multi-
tude vulgairement appelée la canaille.
Un pauvre diable d'ermite, des vierges,
des enfants, des vieillards, des bouquets,
des pauvres heureux; une couronne,
où ne brillent que des épis de la dernière
moisson, mêlés à de fraîches roses; une
mule blanche scellée d'un bât orné de
velours et de rubans; et, pour remplacer
le bruit étourdissant de l'airain, le son
modeste et argentin de la cloche de la
chapelle. Tels se composent les détails
du cortége du souverain d'Yvetot. Au
jour indiqué, le roi, vêtu d'un habit
écarlatte, et monté sur sa mule que con-
duisent deux vieillards, dont l'un re-

présente la prudence, et l'autre la sagesse, se dirige vers l'ermitage au bruit d'une bruyante musique composée de trompettes, de tambours, et de tous autres instruments qui ont de l'éclat. Sa majesté s'avance à la tête de ses conseillers et de ses courtisans, et précédée de petits enfants qui sèment des fleurs sur son passage; de cent vierges et autant de jeunes garçons, qui chantent en chœur un hymne dans lequel ils demandent au ciel de répandre ses grâces et ses bénédictions sur le nouveau monarque, l'espérance et l'appui des Yvetotiens. Ce cortége arrivé au seuil de l'église, l'ermite, qui officie vient recevoir le roi, le salue, le harangue, et le conduit au pied

de l'autel, où, après l'évangile, il vient
lui présenter sur un coussin blanc la
couronne d'épis et de roses qui doit or-
ner son front vermeil; ensuite il le bé-
nit, le salue trois fois. Le roi d'Yvetot
remonte à l'autel, finit la cérémonie re-
ligieuse, puis, avec tous les assistants,
entonne le cantique saint des rois. Lorsque l'ermite a terminé, il se retire en
criant : « Peuple d'Yvetot, le roi est
mort, obéissons au nouveau roi que le
ciel nous a fait choisir. » La couronne en
tête, et remonté sur sa haquenée blanche, le roi fait le tour de son royaume,
toujours précédé et suivi comme on l'a
vu plus haut. De distance en distance,
le nouveau monarque s'arrête, et, en-

touré de son peuple, qui se presse pour le contempler et lui rendre hommage, il fait, en étendant la main droite vers le ciel, le serment de gouverner avec équité, avec sagesse, de veiller à la sûreté de ses sujets, et de rendre à chacun justice selon ses droits. Après cette promenade, qui dure trois heures, le roi se rend dans la grande place du village, où la reine l'attend, et où elle fait, en le servant, les honneurs d'un banquet public qui est bientôt suivi de jeux et de danses.

Ce fut de cette manière et dans ce cérémonial accoutumé que Jean Gautier reçut la couronne d'Yvetot, qu'il s'était montré déjà si digne de porter. La bonté

de son cœur, la délicatesse de ses principes, sa modération et la droiture de
son esprit, donnaient à ses sujets la douce
consolation de voir bientôt arriver dans
le petit état de grands changements
qu'on regardait comme un bien indispen_
sable, mais que, par amour et respect
pour la personne du souverain, on s'était
bien gardé jusqu'alors d'indiquer. Le
monarque attentif, et au bon sens du
quel rien n'avait échappé pendant son
noviciat d'une année, devina les changements après lesquels on soupirait. Il
ouvrit enfin les yeux sur les vues ambi-
tieuses de son premier conseiller, qui
plus d'une fois avait compromis la di-
gnité du trône par ses faux calculs, ses

systèmes et ses rêves. Il commença, le
soir même du couronnement, par le
bannir de son conseil, et le remplacer
par l'honnête tabellion qui accepta avec
empressement un poste qui allait le mettre à portée de seconder les louables intentions du nouveau roi. Jean Gautier ne
s'en tint pas à cet acte de justice et de
vigueur : il supprima l'impôt de la taille
dans son royaume, et, pour dédomma-
ger ses sujets, leur fit distribuer des
grains pris dans ses granges. Ne voulant
pas non plus qu'il fût dit que le plus
beau jour de sa vie ait été un jour de
souffrance et d'esclavage dans son état,
il fit grâce à Isoard de Moutour qui l'a-
vait si gravement offensé, et ordonna

que sur-le-champ la porte du pigeonnier, devenu prison d'état, lui fût ou-
verte. On obéit à cet acte de clémence ;
mais le malin page avait si bien pris ses
mesures, que, sans attendre qu'il plût au
petit souverain de lui donner la clef des
champs, il s'était évadé la veille sans
qu'on sût comment et par où. Cependant,
après plusieurs jours de méditations, de
recherches et d'observations, les plus
avisés du pays prétendirent (c'est encore
de tradition dans le petit royaume) et
soutinrent que, puisque ni les fenêtres,
ni la porte, ni la toiture, n'avaient été en-
dommagées, il fallait bien que le diable
eût protégé sa fuite par le trou de la ser-
rure.

Le jeune prince, en quittant le royaume d'Yvetot, avait eu la précaution de faire prendre avec dessein quelques pigeons privés dans le colombier de la ferme royale. Un mois après son départ, un de ces courriers ailés vint un matin se percher sur la fenêtre de la chambre d'Aloïse et piquer de son bec les vitraux, comme pour faire remarquer son retour. La fille du roi le vit et s'empara de lui. Le beau et doux messager d'amour portait à son cou une lettre de l'amoureux prince écossais : elle était adressée au roi, auquel il annonçait que dans un an, à pareil jour, il reviendrait à Yvetot, avec la permission de son père, remplir sa promesse et tenir ses serments envers sa noble fille.

Jean Gautier, que le prince assurait de nouveau de sa vive et durable reconnaissance, éprouva une joie extrême : il lut cette lettre à dame Baboline, qui changea aussitôt d'idée sur le mariage promis à sa fille. Ce message vint à propos calmer la peine secrète que nourrissait la bergère. Aloïse s'empara du joli courrier, l'établit dans sa chambre, où elle s'est promise de le fêter, de le soigner, et de le caresser jusqu'au retour de son cher Georges. Cette dernière résolution de la fille du roi ruina tout-à-fait le peu d'espérance qui restait au chevalier Galantin : il reprit tristement le chemin de son manoir, jurant par sa rondache que désormais son cœur serait sur ses gardes et ne se laisserait plus surprendre ; mais le moyen de tenir ce beau serment ! vingt fois peut-être le preux-galant l'avait déjà fait.

Quant à M. de Plat-en-Cour, mis à la réforme, il ne crut pas devoir faire tête à l'orage. Il se retira de la cour, remit le portefeuille à son successeur et quitta le royaume, bien persuadé que, sans lui, tout irait de travers. Cependant le tabellion, aimé du peuple et du roi, fit prospérer le commerce et les arts, maintint la paix, utilisa l'abondance du pays, et fit chérir sa personne et son administration.

Avis aux conseillers qui ne seraient pas dans la bonne route.

FIN DU QUATRIÈME ET DERNIER VOLUME.

TABLE

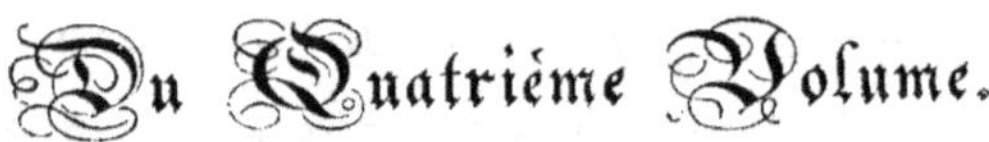

Du Quatrième Volume.

FIN DE LA TABLE.

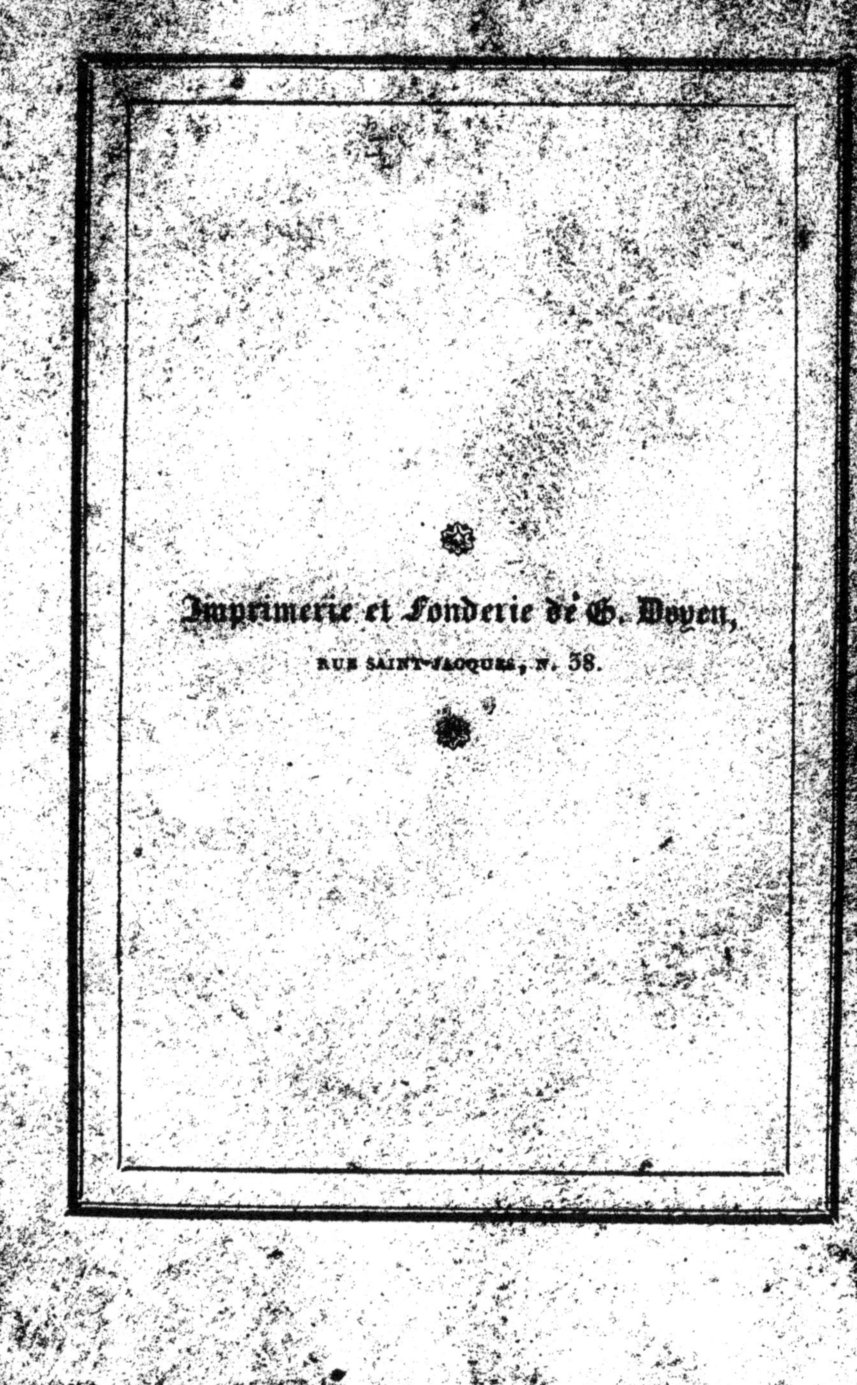

Imprimerie et Fonderie de G. Doyen,

RUE SAINT-JACQUES, N. 38.